JN063572

質問・発問をハックする

眠っている生徒の思考を掘り起こす

コニー・ハミルトン
山﨑亜矢・大橋康一・吉田新一郎 訳

HACKING QUESTIONS

CONNIE HAMILTON

新評論

はじめに——質問することが成長につながる

質問することのアート（芸術）と科学が、すべての知識の源である。

トーマス・バーガー（Thomas Berger, 1924～2014・ダスティン・ホフマン主演で映画化もされている『小さな巨人』の著者）

質問には、多くの要因がかかわってきます。なぜなら、物事を深く考え、その本質や意義を見極めるということは、単に質問を完璧なものにするより複雑な行為だからです。授業において、あなたは生徒に対してどのような意図をもって質問をしていますか？　使う言葉（とくに動詞）に気をつけていますか？　質問するタイミングは？　質問の順番は？　どのような種類の質問（「ハック6」を参照）をしていますか？　生徒はあなたの質問に、どの程度集中して取り組んでいますか？　生徒自身が、しっかりと質問について考えていますか？

質問は、教師による質問の仕方だけでなく、生徒から得られる回答にも影響するため、熟考することが何よりも重要となります。

本書では、主に授業での質問の仕方に焦点を当てて記していきます。あなたが質問をする方法と理由について考えられるように、質問することを「主体的な行為」として扱っていきます。

教師と一緒に仕事をしてきた経験から、そして私自身が教師であるため、質問についての条件（どのような場面でどのような質問をするかなど）や質問に対する生徒の反応に影響を与える方法を取り上げました。そうした方法のいくつかは、ほとんどの教師がもっている既存知識の道具箱にあるものに少し調整を加えるだけでいいというものばかりです。しかし、なかには、あなたが長年にわたって前提としてきたことに異議を唱えるものがあるかもしれません。古くからのやり方に新しい視点を与えられるのか、それとも古い習慣を解体するのかにかかわらず、質問に関する教師の決定の仕方や目的を見ていきましょう。

教師は、ほとんどの教育方法を意図的に選択しています。そのなかでも、質問は当然行われるものと認識されているため、（結果的に）軽視されがちとなっています。本書に掲げる「11のハック」は、教師が授業中に「どのような質問を、いつ、なぜ、どのように」行っているのかということについて明確に示しています。

私は、どのようにして「11のハック」を考えだしたのでしょうか？　実は、本書『質問・発問をハックする』を書いている間に、何百人もの教師と少人数でのグループで親密に仕事をするという素晴らしい経験をしました(1)。

それらのグループは「授業研鑽チーム（Collaboration and Instructional Feedback Teams）」と呼ばれ、四人から六人の教師で構成されており、年に何回か集まってはお互いの授業を見せあっています。[2]各チーム の教師は、最低でも年一回は主催者（ホスト）となります。このチームの集まりがある日には、次の三つのパートについて半日ほどミーティングを行います。

①簡潔な事前説明——ホスト役の教師が授業内容を説明し、授業の進め方に関する質問に答えます。私たちは、メンバーからの質問によって、授業内容や進め方の決定のされ方、決定の意図、そして授業に入る前の未知の要素について深く掘り下げていきます。このとき、次のような質問が考えられます。

・生徒が自分たちの結論を共有する目的は何ですか？
・授業のもっとも重要な部分はどこですか？
・ミニ・レッスン[3]の長さは、どのくらいが適切だと思いますか？

（1）翻訳協力者から「これが大事なんですよね。私も月に一回、他校の国語部の先生方と集まって授業のことを話しています。日本の研究授業は、出世欲にまみれ、自己アピールの場に成り下がっています」というコメントをもらいました。ほかの教師との意見交換は、お互いが研鑽するのに不可欠だと思います。しかも、「継続的なやり取り」が。

（2）日本の研究授業や交流会と似ていますが、後述されているように、はるかに現実的で、実際的な授業展開についての検討やアドバイスがなされています。

・授業をどのように終えますか？
・授業の最後に、それぞれの生徒が今日の学習目標を達成したことを示す証拠は何ですか？
・どのような質問を用意していますか？
・授業にうまくついてこれない生徒をどのようにサポートしていますか？
・次に進むべきかどうかを判断するために、どのような基準を使っていますか？
・生徒たちの話し合いを聞きながら、あなたは何を考えていますか？
・生徒が協働して取り組んでいるときのあなたの役割は何ですか？

これらの熟考を要する質問が授業の意図を明らかにします。これらの質問に対するホスト役の教師の答えを聞くことで、参加メンバー全員の継続的な学習と成長、およびホスト役の教師を支援するためのデータを、授業研鑽チームが収集するのに役立ちます。

授業を行う前のミーティングは、授業研鑽チームにおいては不可欠です。ホスト役の教師の授業目的を明らかにするだけでなく、授業中における質問の仕方について考えることができます。チーム全員が順番に授業を行いますが、ほかのメンバーとのやり取りを通して得られるものの多さに感謝しています。

観察役の教師も、自らの授業を振り返るだけでなく、ホスト役の教師が決定に至ったプロセス

（過程）を一緒に考えることで、その思考プロセスが授業改善に役立ちます。ホスト役が行った授業内容や進め方をどのように決めたのかついて説明しているとき、まるで心地よい音楽を聴いているかのように思ってしまうことがしばしばあります。しかし、その感覚と同じくらい重要なのは、「なぜ、別の決定を却下したのか」について説明することです。

②観察――ホスト役が授業をするとき、授業研鑽チームの残りのメンバーには、授業に関するさまざまなデータを収集するように依頼します。これについては、授業中に行われる教師や生徒のさまざまな行為のタイミングから協働学習の流れまで、あらゆるデータ収集が可能です。そして、もちろん、私たちは質問のテクニックに関するデータも集めます。

・質問はいくつあったか？
・質問はオープンかクローズドか？

（3）授業の最初に五～一〇分で行うことが多く、クラス全員にポイントを絞って教える時間です。ライティングやリーディングのワークショップなどのように、生徒たちが実際に書いたり、読んだり（他教科への応用では、探求したり、問題解決したり）することにもっとも時間を割くようなアプローチでは、教師がクラス全員に対して教える時間は全体の五分の一ぐらいに制限しています。仮に、教師がそれを全時間に広げて教えたとしても生徒たちの許容範囲を超えていますので、効果的でないことが明らかになっています。

・質問のレベルは？
・生徒が質問に答えるまでにどの程度の時間があったのか？

授業研鑽チームのメンバーは、ホスト役が確認したい内容を明らかにするためのデータ収集の役目を果たします。

③振り返り――授業後は、授業研鑽チーム全員が授業を振り返り、ホスト役へのフィードバックを準備します。ホスト役は、まず何がうまくいって、何を改善すべきかについて説明したあとに具体的なフィードバックを求めます。チームのほかのメンバーは、それぞれが集めたデータを共有し、「グロー（GLOW）」と「グロウ（GROW）」を提供します。「GLOW（輝き）」とは、授業の成功した部分に注目した観察結果のことです。一方の「GROW（成長）」は、今後の成長に向けての提案です。(4)

成長は必ずしも改善を意味するわけではありませんが、同様の成果を達成するための方法を別に提案する場合もあります。教師の道具箱に追加できるツールが多ければ多いほど、ほかの学習場面に対する準備が整っていることになります。

私は過去二年間で三〇〇以上の授業研鑽チームのセッションに参加し、幼稚園から高校の「APクラス」(5)まで数十科目の授業を見学してきました。そして、その全体像を眺めることで、「計画」、「教え方」、「気づき」、そして「振り返り」の領域において、それぞれのパターンを見つけました。

本書で、私はそうした経験をもとに「11のハック」を取り上げました。多様な授業内容と各学年のなかに繰り返し現れる問題から、もっとも普遍的でうまくいった答えを特定し、授業中における質問の全体像となるものが構築できました。ただし、これは、質問の仕方が正しいか間違っているのかを問うようなものではありません。それぞれのハックは、授業中に示す生徒の態度の意図や役割を理解し、それに基づいて質問を作成するプロセスに対処するためのものです。

生徒が置かれている立場を知れば、毎日行われている教師の何千もの意思決定を整理するときに役立つものが見えてきます。目的のレベルに応じて、その時点の意思決定を行うための学習ガイドが表示されます。いつ、なぜ質問をすべきなのか、そして質問をするのと同じくらい「何」

(4)　翻訳協力者から「素敵な表現です。『大切な友だち』と同じですね」というコメントがありました。下のQRコードで、そのやり方が分かります。

(5)　(Advanced Placement) アメリカの高校には、高校段階で大学初級段階の授業を行うことが許されており、その単位が大学卒業資格にもカウントされる仕組みになっています。

に注意を払うべきなのか、また「どのように質問する」のがよいのかについて特定する方法を示していきます。

さらに、各ハックを説明するための例も示します。ただし、それらの例は、ほかの可能性を締めだすものではなく、あなたの考えを整理するためのモデルであることを忘れないでください。

ほかの教え方と同じく、そこには常に例外が存在します。いうまでもなく、ハックは法律ではありません。それは、すぐれた教師であれば自分の授業から間違いなく認識するであろう「共通の問題解決法」なのです。

それぞれのハックは独立していますが、ハック同士は相互にかかわりあっています。各ハックを読むにつれて、質問についての驚きや考えに拍車がかかるかもしれません。一例を挙げましょう。授業中に教師がどのような役割を果たしているのかについて考えることなく、生徒の協働的な学習活動を促進する方法について話せるはずがありません。

本書では、これらの方法を、教師と生徒相互のうえに構築され

このようなルーペの
イラストが、
本書全体において
表示されています。

る二つの異なるハックとして位置づけています。興味のあるハックを見つけて、もっと深く知りたいと思ったらほかのハックを読んでください。各ハックには、相互のつながりを見つける機会も設けています。

右ページに掲載したイラストが、本書の随所に表示されています。これは、私が伝えたいメッセージをより詳しく確認していただくためのものです。ルーペの中には、「注意の言葉」、「知恵の言葉」、「教師のアドバイス」が示されています。また、各ハックにおいて参照している資料の多くは高解像度で入手できますし、「HackingQuestions.com」でダウンロードすることもできます。

もくじ

質問・発問をハックする——眠っている生徒の思考を掘り起こす

Connie Hamilton
HACKING QUESTIONS
Originally published by Times 10 Publications

Translated and published by Shinhyoron Co. Ltd.
with permission from The Paperless Classroom DBA x Times 10 Publications.
This translated work is based on *Hacking Questions*
by Connie Hamilton.
Translation arrangement managed RussoRights, LLC and
Japan UNI Agency Inc. on behalf of Times 10 Publications.

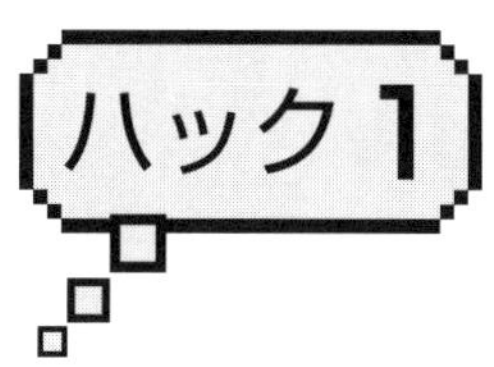

質問に対して、全員の手が挙がると想定する

すべての生徒が学習に参加することを期待する

聞いたことは忘れる。見たことは忘れない。
そして、自分が実際に経験したことであれば
深く理解することができる。

中国の格言*

［*不聞不若聞之　聞之不若見之　見之不若知之　知之不若行之（聞かないのは聴くことに及ばない。聞くことは見ることに及ばない。見ることは知ることに及ばない。知ることは行うことに及ばない。荀子（じゅんし）（紀元前298頃～紀元前235頃）］

問題――教師は挙手を通じて授業への参加を求める

教師には、生徒を指名して答えさせるべきか、それとも生徒が自発的に答えるのを待つべきか、という大きな議論があります。指名に賛成している人たちは、教師から突然指名されると生徒は驚き、刺激になるのでよい、という理由を挙げています。一方、反対する人たちは、指名されて答えが分からなかったとき、生徒がどれだけ傷つくことになるかと危惧しています。では、教室で挙手をする場合の一般的な光景を見てみましょう。

教師が授業で質問をしたあとの生徒の反応は、通常、次の三つのいずれかとなります。

❶一人の生徒の手が挙がり、教師はすぐにその生徒を指名する。
❷何人かの生徒が手を挙げたとき、教師は誰にするのかを考えて、正しく答えそうな生徒を選んで指名する。
❸（みんなが一斉に手を挙げて）大騒ぎをする。

最初の例では、スターのような生徒が天井に向けて真っすぐ手を伸ばし、教師がその生徒に目を向けるというシーンが何度も見られます。その結果として、少数の生徒が教師との会話を独占します。とはいえ教師は、学習意欲があり、いつも熱心に取り組んでいるように見える頑張り屋さんに声をかけないと、罪悪感をもつことが多いようです。教師に選ばれないとき彼らは、大きなため息をついたり、がっかりして手を大げさなしぐさで下ろしてしまいます。

教師が意図的に回答者を選ぶ方法をもっていなかったり、クラス全体から発言者を選択しないかぎり、二八人の教室が「八人の小さな学習集団」と「二〇人の傍観者」という集団になってしまうでしょう。ほかの場合、たとえば教師がクラスに質問を投げかけ、波のように手が振られているときに誰を選ぶのかという問題についても同じです。

一方、挙手をしていない生徒をあえて選ぶという選択肢もあります。学習に参加することは将来の授業にも影響しますし、その生徒の意欲を高めるという考え方もあります。しかし、このようなやり方だと、意図的ではないにしろ、教師は生徒に授業に参加するタイミングを選ばせていることになります。生徒にとっては、手を挙げるという行為は「はい、意見を言いたいです」という意思表示であり、逆に手を挙げないというのは「勉強したくないので放っておいてください」となってしまいます。

通常、教師は二〇人の手が挙がっていても、ごく数人の生徒を選んで指名し、彼らの考えを発表させています。ある一定数の生徒の脳を活動させることはできますが、学習に巻き込める生徒の数はわずか一〇パーセント台でしかありません。

次の問題は、恐るべき沈黙の時間です。そのときは、生徒たちはまるで耳が聞こえないかのような状態になります。生徒が反応しない場合、次のような対応が考えられます。

❶教師が答えを期待し、不意に一人の生徒を指名する。
❷教室の沈黙を破るために、教師が「誰か答えてくれない？　誰かいない？」とひたすら繰り返す。
❸教師自らが自分の質問に答える（最悪のケース）。

生徒の反応がない場合は、その質問が難しすぎるか、不明瞭であるということです。そんなとき、私たちは頭の中で、質問の内容をどうして彼らは理解できないのだろうかと考えて、自動的に教え直すモードに入ります。そして、「もっとも知識があると思っている人」を指名します。そうです！　教師であるあなた自身です。

質問の目的が、授業を進めるために必要となる学習内容に対するもので、その理解度（レディネス）を確認することであったら、サンプルとなる生徒数が不十分な場合があります。選択した少数の生徒の反応に基づいてクラス全体が

次のように考えてください。一人の生徒に質問するだけの価値があるなら、全員に対して質問する価値もあるだろう、と。

「分かった」と判断するのは、生徒の学びからすれば「災いのもと」でしかないでしょう。

どのように学べているのかという証拠をすべての生徒から引きだせば、次のステップで何をすべきかが見えてきます。しかし、教師は、授業の終わりに（最悪の場合は単元の終わりで初めて）生徒の理解度を評価しがちです。

いかがですか？　一人の生徒だけでなく、すべての生徒に質問してみるだけの価値があると思いませんか？

さまざまな状況において共通していえることは、授業を進めるための答えを得るために質問が提示されていることです。一般的に、教師は自発的発言者（ボランティア）を募り、少人数の生徒から簡単な答えを得て、それで授業が順調に進んでいると確認して先へと進みます。しかし、このやり方には欠陥があるのです。

これまでの記述で分かるように、このやり方だと教室全体をサンプルとしていません。さらに、「質問に答えるために手を挙げなさい」と生徒に要求するという方法は、発言する前に正確な答えをもっておくべきだというメッセージを送っていることにもなります。このようなやり方だと、目的となっている授業の遂行を妨げますし、すでに答えを知っている生徒には焦点が当てられますが、混乱した状態にいる生徒が道に迷っていることに教師は気づかないままとなります[1]。もちろん、道に迷っている生徒への対応が手遅れとなるまであなたも気づかないでしょう。

授業について私たちは、クラス全体の理解度を評価する、もっと効率的で、もっとも効果的な方法を見つけなければなりません。そのためには、これまでとは違った質問の投げかけ方を学ぶ必要があります。

ハック——質問に対して、全員の手が挙がると想定する

突然、教師が生徒を指名するといった「脅し」のような方法で授業を行うのではなく、すべての生徒は考えられると認識して、授業というものは考える時間であるというマインドセット（ものの見方／捉え方）[2]をもちましょう。これは、クラス全体を対象にする場合だけでなく、小グループや個別学習の場合でも同じです。

「今日学ぶのは誰ですか？」という質問を全員にしたにもかかわらず、五人の生徒からしか手が挙がらず、そのまま授業を終わらせたことはありませんか？　このような状態はなくしましょう！　時には、一斉にそれぞれの生徒から意見を聞く必要があるわけですが、クラス全体が理解しているかどうかを確認しようとして、数名のみに意見を聞くということが常態化してはいけません。

このハックの核心部分は、実際の手順ではありません。「個別－ペア－クラス」[3]、「○×?などが書かれたプレートを掲げる」、「選択肢のエリアに移動して自分の考えを示す」といった方法は、何十年にもわたって教師が使い続けている活動ですが、これらについて説明することがここでの目的ではありません。

このハックのメッセージは、私たち教師は、すべての生徒が授業に参加するのは当たり前であり、例外はないと考える、ということです。

授業を計画する際には、論理的な質問を生徒にするように心掛けてください。そして、すべての生徒がハーマイオニー・グレンジャー[4]と同じくらい準備ができており、授業に参加したいと熱心に手を挙げている勉強家だと仮定しましょう。すべての生徒に対して「選ばれる」という機会

---

(1)　翻訳協力者から、「このことは、初任者研修の早い段階でしっかり理解されるべき内容です。先輩からの誤学習が進んでしまったら手遅れです」とありました。問題を放置してしまうと、後々取り返しがつかないことになりそうです。

(2)　小グループと個別の間には、次ページで紹介されているペアでの学習も位置づけたほうがいいでしょう。これら四つの学習形態での効果的な教え方については『「学びの責任」は誰にあるのか』を参考にしてください。

(3)　(Think-Pair-Share)まずは個別にしばらく「考え」、次に二人「ペア」で考えたことを紹介しあい、各ペアが話し合ったことをクラス全体で「シェア(共有)」するという方法です。

(4)　「ハリー・ポッターシリーズ」に登場する優等生の少女です。

をつくりだし、すべての生徒に「尊厳」を与えるような活動を準備しましょう。

不参加は学習の敵です。質問に対して何人かの生徒が挙手をして、教師がある一人を指名した場合、手を挙げていたほかの生徒は選ばれません。しかし、すべての生徒が手を挙げていると教師が考えれば、生徒全員が参加できる授業となります。そして、生徒全員に対して、あなたが「成功への旅に参加することを期待している」というメッセージを送ることにもなります。除外される生徒がいなければ、誰も取り残されることはないのです。

あなたが明日にでもできること

対話をはじめるときも、ちょっとしたヒントを与えるときも、そして理解を確認するときも、生徒全員の手が挙がると想定しましょう。回答できる数人だけから手が挙がるといった状態にならないように、次のような方法を試してみてください。

話し合いのためのさまざまな形式

もし、教室で話し合いを活性化するという絶対的な方法があれば、私たちはすでにそれをやっているはずです。実際はというと、さまざまな方法を使って私たちは生徒を授業に参加させようとしています。

時には、生徒が自由に話したり発表するといった方法を使っていますが、その一方で、生徒が参加したいと思うまで待つこともあります。生徒に対して、授業中に発せられる教師からの質問への対処法をいくつか教えましょう。そうすれば、生徒は何を期待されているのかが分かりますし、教師がその方法を口にするだけで実行できるようになります。以下に紹介するのは、その方法としてよく知られたものです。

おしゃべりタイム——発表の許可を得ずに、思いついたことを各生徒が思いのままに話す時間です。思いつくかぎりのおしゃべりというのは、生徒がすでにもっている予備知識を活性化しますし、情報を思い出したり、ブレインストーミングにおいてアイディアを生みだす場合にピッタリです。

おしゃべりタイムのすぐれた点は、時折「ポップコーン反応」[5]と呼ばれるものですが、教師の

（５）　ポップコーンをつくるときに、トウモロコシがポンポンと跳ねるような感じで反応することから、この名称がつきました。「ポップコーン・シェア」ともいわれています。

注意が個々の生徒に集中しないことです。一般的には、手早く効率的に、クラス全体のエネルギーレベルを高めます。また、教師からすれば、自分の声がみんなに聞こえるように場を静めるための技術も学べます。

通常、おしゃべりタイムの間、すべてのアイディアが出し尽くされるまで話し合いは続けられます。その間、教師は、生徒からよく出てくる考えをまとめられるほか、生徒がなぜ誤解をしているのかについてさらに追究したり、メモをとることもできます。そうすれば、対処しなければならないことが明確になりますし、次の授業において課題として提示できます。

自発的発言者（ボランティア）を募る——このハックでは、挙手をやめさせるのではなく、積極的なボランティアを募るための活動を紹介しています。授業においては、時にはボランティアとなってくれる生徒が必要になります。たとえば、重要なことを実演したいときや、資料を配るといった作業のときです。また、特別の経験をもっている生徒に、クラスメイトに対してその経験について発表してもらうというのもボランティア募集の例となります。

教師が「〇〇〇をするのでボランティアを募集します」という言い回しを頻繁に使えば、授業において手を挙げることは「ノルマではない」と強調することにもなります。

アゲアゲタイム[6]——生徒たちが常に手を挙げるものだと想定して、彼らとやり取りをしましょう。たとえば、全員が手を挙げる時間を「おしゃべりタイム」と区別できるようにしておけば、静かに思考する時間に大声で答えを叫ぶような行動は防げるでしょう。

事前に、授業のなかで「全員が手を挙げる時間」であると予告されておれば、手を挙げて自分の考えを発表する順番を待つ必要があると全員が理解できますし、積極的に考え、学びに取り組めます。そうすれば、あなたは誰かを無作為に選択・指名し、すべての生徒が応答するという方法が使えます。

そのような方法の一つとして、「しばし立ち止まって書く[7]」があります。授業中に生徒が、メモ帳、持ち運びできるホワイトボード、またはノートパソコンを使用して、学習中の要点が書き込めるほか、質問があればすぐにそれを書き留めるというものです[8]。

---

(6)　テンションが高い状態を表す若者の言葉です。

(7)　(Stop and Jot) 生徒が質問についてしばらく考えて、それを書きだすという単純な方法です。これによって、記憶と理解が増します。

(8)　翻訳協力者から「生徒の多くは、ノートは黒板を書き写すためのものという認識です。思考プロセスの道具としてノートを使うということをできなくする教育がまかり通ってきた結果です」とありました。ノート（書くこと）が自立した学習のための道具として使われていないのは残念ですが、教師の判断次第でその状態を変えることはできるでしょう。『国語の未来は「本づくり」』の「思考ノート」（一二二ページ）を参照してください。

話す時間の確保

クラス全体に質問をして一人の生徒に回答を求めるのではなく、クラス全体に質問をして、各自のパートナーに対して回答するという方法です。そのために、まずクラスのなかに肩や肘がくっつくぐらい身近にいるパートナー（AとBのペア）[9]を決めます。AとBに分けるのは、「尋ねる役」と「答える役」を容易にするためです。お互いの時間が同じになるように役割を交代してください。

クラス全体に質問を投げかける前に、質問の言い回しを変える

どのような表現方法で質問を投げかけるかによって、生徒たちが考えるときの安心感に大きく影響を与えます。すでに学びはじめているときの質問は、とくに状況を一変させます。たとえば、「何か気になるところはありませんか？」や「これについてどのように理解していますか？」といった質問の仕方で話し合いをはじめてみましょう。

これらの質問は、よりメタ認知的[10]なものとなります。学んでいる内容について、すでに考え尽くしたと生徒たちに思わせず、自分が考えていることについてさらに深く考えるように導くのです。「誰か分かりませんか？」という質問ではじめるのではなく、「誰か、私たちがもっと考えられるようにヒントをくれませんか？」と質問するのです。そして、生徒の会話が自然に流れるよ

うになったら、あとは生徒に任せましょう。

生徒たちには挙手を思いとどまらせ、会話に貢献するよう促しましょう。さらに、「責任ある話し合い」(11)で使う言い回しを使って、生徒の会話の流れを管理しましょう。

くじ引き棒や無作為抽出を使用する

生徒を選んだり避けたりしていると思われないように、アイスキャンデーの棒が入った瓶を使いましょう。まず、それぞれの棒に生徒の名前を書いてください。ある中学高校の教師は、毎時間に一つの瓶を使うか、各生徒に番号を割り当てたものを一年中使い続けています。

瓶の中に紙コップを入れ、その中に全部の棒を入れます。その中から一つを選んだら、瓶から棒を抜いてしまうのではなく、紙コップの外側に置きます。こうすれば、コップの外に出された棒によって、メモをしなくても一度指名した生徒が分かります。また、コップの外にさりげなく棒を出すことで、教師が一度指名した生徒の棒を選別している様子が隠せます。もし、同じ生徒

(9)　日本では、机が隣同士のペアとなるでしょう。でも、いつまでもその座り方を続けるというのはまずいと思いますが……。
(10)　考えをめぐらせていることについてより考えるということです。
(11)　二二三〜二二四ページを参照してください。

図１－１　教室における座席の決め方

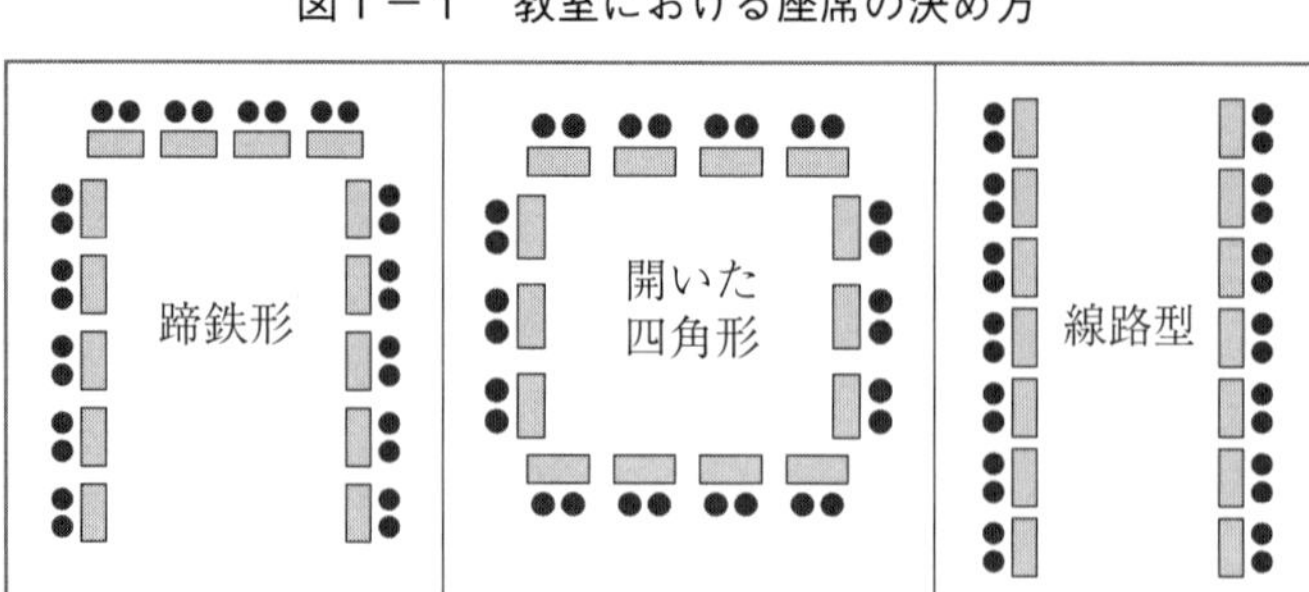

を複数回指名したい場合は、瓶の中に紙コップを入れる必要はありません。

なお、「Pick Me」や「Random Picker」のようなアプリを使っても同じことができます。

生徒が互いに見えるように部屋を整える

教室における座席の決め方ほど、生徒がワクワクするものはないでしょう。話すとき、人と目を合わせることは基本的なマナーです。各座席が教室の正面を向いている場合は、教師が話し合いの中心であることを意味します。生徒が互いのアイディアをぶつけあい、会話に参加することを目的とする場合は、生徒が向かいあって座る必要があります。

図1－1に示した三つの机の配置について考えてみましょう。これらはすべてクラスメイトに注意を向ける機会を均等にしており、教師を中央から遠ざける形となっています。クラスメイトの顔が見えれば、誰しも積極的に授業に参加するようになります。

完全実施に向けての青写真

ステップ1　夢中で取り組める最適なタイミングを探索する

「質問に対して、すべての生徒の手が挙がる」を実施する前に、授業のどの段階で行うのが効果的かについて考えてください。多くの場合、生徒は、授業やビデオ視聴が終わったり、長すぎる文章を読み終えたりするまで参加しないものです。時間をおおまかに区切って、自然にひと休みできるタイミングを見つけて、生徒が内容について考えているかどうかを確認しましょう。あまり遅くなると生徒たちが困惑していることに気づけず、手遅れになるかもしれません。

生徒に、一〇分以上座って話を聞くように求めてはいけません。[12] 年少の生徒の場合は、制限時間をさらに短くする必要があります。その日に予定している授業が表面的な知識を修得することを目的としているのであれば、生徒が追いつけるポイントを決めます。

彼らが行う作業記憶（短期記憶）を「水差し」にたとえてみましょう。水が、彼らの学ぶ情報

（12）訳者の一人、吉田の人権教育の師匠（オーストラリア人）は、一五分以上話し続けることは「人権侵害」だと言い切っていました。これは大人の場合です。

や知識となります。水差しがいっぱいになったら、ほかの器に移すか、保管する必要があります。一気に水を入れるとあふれてしまいます。情報も同じで、多すぎると保持できないのです。

これに関する解決方法は、授業内容が処理できるだけの時間を与えて、情報を別の器に流し込めるようにサポートすることです。このときに、短期記憶から長期記憶に情報を流し込むという場所の転換が行われます。生徒は、「水（情報）」を作業記憶（一時的なものと考えられています）から意味が与えられたり既知の情報につなげて、あとで取りだすことができる場所（長期記憶）に移動させます。そして、「水（情報）」が脳の別の部分に移ったら、次の情報を受け取る準備ができたことになります。

授業の終わりではなく授業の最中に、質問に対して全員の手が挙がることを含めて、このような一時停止ができるように授業を設計しましょう。

ステップ2　事前に質問を練っておく

授業内容に関連した質問を明確で的を射たものにするため、事前に検討して、簡潔な質問を考えておきましょう。そうすれば、生徒が混乱する状況は減らせます。

これは、生徒全員の手が挙がっていて、すべての生徒が答えるための準備ができていると想定する場合に重要となります。また、質問を事前に熟考すれば指導するための時間を長くとれますし、言い換えなどといった無駄な時間も減らせます。

ステップ３　全員の手が挙がっていて、全員が回答できる方法を選ぶ

場面と質問の準備が整ったら、次は方法を選びましょう。かぎりある授業時間に最適となるものを選択するときには、いくつかの点を考慮する必要があります。次に紹介するのは、あなたが最適な方法を選択する際に自問自答すべきことです。

・何人の生徒が積極的に考えているか？
・具体的な証拠（紙やビデオなど）は必要か？
・情報はどのくらい早く必要となるか？
・「質問に対して、すべての生徒の手が挙がる」ために、どのくらいの時間がかかるか？
・生徒たちは、どのくらいの間座っていられるか？
・今、授業のどの段階にいるのか？（事前の知識活用は十分か？　その活用状態は？　振り返りは？）
・生徒は、あとで自分の考えにアクセスする必要はあるか？
・全員が手を挙げることの目的は何か？（夢中で取り組むこと、ノートを取ること、ブレインストーミングをすること）

・その方法を行うには、どのような資料が必要か？　今、それは入手可能か？
・その方法はどれくらい複雑か？　すぐにできる方法を探しているのか？　それとも、生徒の思考プロセスを支援する方法を探しているのか？
・質問をいくつ用意しているか？
・生徒はその方法をすでに知っているのか？　それとも教えなければならないのか？

こういったことに対して事前に自問自答しておくと、生徒が最適な方法を練りあげる際に役立つでしょう。そして、あなたは、「生徒全員の手が挙がる」という最高の授業を成功させることができます。

ステップ4　取り組みに対するフィードバックを収集する

生徒には、手を挙げる目的を内緒にしておく必要はありま

注意！

一回の質問に一人の生徒を指名するといったスタイルに逆戻りして、言行不一致になってはいけません。必ず生徒全員の手が挙がる方法を使っていることを確かめて、すべての生徒の思考プロセスを活性化させるという目標にどれほど合致しているのかを示すデータを授業で収集してください。

せん。教室で新しい方法を試すときは、最初はうまくできない可能性があることを忘れないでください。たとえ失敗しても、簡単にあきらめるのではなく、何がうまくいき、改善するために何ができるのかについて生徒に教えてもらうのです。これは、メタ認知的思考を引き起こす振り返りの一種でもあります。

以下に挙げることはボーナス情報です。教室で問題を解決しながらあなたが成長をするために、発した質問に対する生徒の反応や回答をデータとして収集しておきます。データを収集する際には、次のような質問を試してください。

・あなたは、今日活動をしたとき、学習目標についてどのように考えましたか？
・学習目標を満足させるために、○○○（活動の名称）はどのように役立ちましたか？
・今日は、どのようにして新しい学習を練習しましたか？
・今日の授業のなかで、覚えておかなければならない大切なことは何ですか？
・授業のなかで、思う存分参加できたところ、もしくは十分に参加できなかったと感じたところはどこですか？

課題を乗り越える

「生徒全員の手が挙がる」ことを想定した授業実践を進めようとするとき、生徒からの反論が表面化するかもしれません。これについては深く考える必要があります。一人ずつ生徒を指名するというのは、ほとんどの場合、ベストの選択肢とはいえません。

授業の内容に耳を傾けていない生徒に声をかけるというのは、生徒の注意を引く一つの方法ではありますが、「ハック11　学びの安全地帯をつくる」からすると明確な違反行為となります。もし、生徒が授業に注意を払っていないことが分かっていて、「イザベル、シルビアが言ったことをどう思う?」などと質問すると、注意を授業に向けようとする目的とは逆になります。あなたは、話し合いの方法を使って生徒指導上の問題に対処してしまったことになります。

短期的には授業に対する注意喚起をもたらすかもしれませんが、イザベルが授業に注意を払っていなかったと認めなければ、あなたは彼女の「分かりません」という反応と格闘することになるでしょう。

生徒が絶対に答えられないと知っていながら質問に答えさせようとすれば、生徒との信頼関係を損ねるだけでなく、築きあげてきた人間関係を壊すことにもなります。授業に集中させるという効果はあるかもしれませんが、それは単に、「恥をかきたくない」という恐怖感を与えているだけです。イザベルにほかの生徒の回答に対する意見を求めるよりも、授業に集中させたいという目的に合致した質問をするように努めるべきです。

「イザベル、シルビアが今言ったことを聞きましたか？　それとも、彼女にもう一度言ってほしいですか？」

このような言い方なら、イザベルが聞いていなかったと想定しつつ、授業に注意を向けさせようとしながら彼女の立場も尊重できます。また、彼女に受動的な姿勢をとらせず、話し合いに参加するという責任を思い出させることにもなります。

このような質問を「強制的選択」といいます。選択肢が用意されているのは反応を制約するためであり、どちらを選ぼうとも、その後にすべきことが明らかになっています。もし、イザベルが「シルビアのコメントを聞いた」と言ったら彼女に回答を求められますし、「シルビアにもう一度言ってほしい」と言ったなら、イザベルはより注意深くなるでしょうし、学習にも参加するでしょう。これが「真のゴール」なのです。

課題１　**時には、複数の生徒から反応を聞きたいです。**

一人ずつ順番に生徒の回答を聞く前に、考える時間や、パートナーと回答を練るための短い時間を提供しましょう。そうすれば、より明確で、完全な回答が生みだせます。もし、複数の生徒に考えの共有を望むときは、「離陸待機」させれば時間の節約となります。

離陸待機とは、最初の生徒が全体に対して回答を発表する前に、すべての生徒の順番を事前に決めておくという方法です。まさに、航空管制官が飛行機の離陸順序を決めるように、教師が発表する生徒の順番を決めておくのです。こうすれば、一人の回答を聞いたあとに次の発表者を探すという手間が省けます。

グループ内で話すことに苦戦している生徒や「言語の壁」をもっている生徒であれば、三番目か四番目の発言者になることで救われるでしょう。たとえば、彼らが話す順番になったとき、仮に自分の考えをうまく表現できなくても、ほかの生徒が言ったことに同意したり反対するほか、言い換えるという方法があるからです。

課題2 もし、彼らが喜んで答えると思っていても、彼らが答えを知らなかったら教師は困難に直面してしまいます。

生徒は必ずしも答えを知っているわけではない、ということを忘れないでください。教師がする質問に対して正しい答えを彼らに望んでいるのではなく、頭を回転させて考えてもらうことが目的です。つまり、生徒は答えを知らなくてもいいのです。すべての生徒に対して、理解することや新たに学ぶことを期待しているという姿勢を徹底して示しましょう。

「ハック2『分かりません』とは言わせない」は、生徒が「分かりません」という反応を示したときの解決策に焦点を絞ったものです。

課題3　クラスの前で話すと、とても恥ずかしがって不安になる生徒がいます。

これは、生徒が「分かりません」と反応する根本的な原因を知ることに役立ちます。そういう生徒は、学習そのものではなく、人間関係や感情面で影響を受けています。ですから、あなたの対応は、そうした生徒が必要としているものを踏まえたものでなければなりません。

この場合、「手取り足取り」の指導や、生徒の回答を単に肯定する方法ではなく、おとなしい生徒とほかの生徒との間に存在する相互作用をうまく調整する必要があります。そういうタイプの生徒に対しては、突然指名して驚かせるのではなく、クラス全体をその生徒の仲間とするための「ペアになって尋ねあう（turn and ask）[13]」という方法を活用しましょう。

恥ずかしがり屋の生徒とやり取りするときは、その回答を肯定的に励まし、発表することを促しましょう。その際、質問を変えないことが重要となります。そういう生徒は、あなたとの一対

---

(13)「turn and talk（ペアになって話し合う）」の応用版で、二人で質問しあうことです。

一のやり取りのなかで得た回答をクラス全体に繰り返すからです。

もし、生徒がクラス全体に向かいあう準備ができていないと判断した場合は、その生徒のペアと別のペアを合わせて四人で一組つくり、少人数グループで発表するようにしましょう。そして、そのグループから肯定的な反応があった場合、クラス全体に発表するように促すのです。それでもまだ自信のない様子なら、グループ内の誰かに代わって発表してもらいます。何回かこのようなことを経験すれば、クラス全体でのやり取りは安全だと感じるようになりますし、いずれあなたは、このような生徒が喜んで意見交換をしている場面に直面するでしょう。

全員の生徒が授業に参加することが期待されているという雰囲気をつくりだすために、短い言葉で回答できる質問をするというのも一つの方法です。この方法なら、恥ずかしがり屋の生徒の自尊心も大事にできます。こうした生徒が発言の舞台に立つ時間を少しずつ増やしていけば、人前で話すのも楽になります。

そのほか、みんなの前で話す代わりに、文章で書かせたり、動画をつくらせるといった方法を使ってもいいでしょう。ただ、この場合、人前で発表するという手段を使わなくても生徒の考えを見たり聞いたりはできますが、効果的な、口頭での意思伝達者になるためのスキルを生徒が身につけることはできません。とはいえ、あなたに学習内容と人間関係におけるスキルの区別がちゃんとできているなら、間違った方向に生徒を歩ませることにはならないでしょう。

恥ずかしがり屋の生徒は、必ずしも学習内容を理解するための手助けを必要としていません。多くの場合、障害となっているのは人前で話すという恐怖心なのです。問題に対する適切な対応こそが効力感[14]をもつ際の助けとなりますし、彼らがより自信をもって、すでに知っていることを発表するときに役立ちます。

実際にハックが行われている事例

セントラル小学校で五年生を担任しているミッシェル・パーキンス先生の教室では、すべての生徒が授業に参加していることを前提として、生徒が手を挙げずに質問に取り組むためのさまざまな方法を取り入れています。「ハック６　すぐに使える効果的な質問をいくつか準備しておく」で紹介されている「質問と答えの関係」を使う際、パーキンス先生は生徒全員が夢中で取り組むための五つの方法と、もう一つ別の方法を意図的に使っています。

---

(14)　「自己効力感」は、元スタンフォード大学教授の心理学者アルバート・バンデューラ（Albert Bandura, 1925～2021）が提唱した理論のキーワードです。「主体的に学習や行動をうまくコントロールできているという信念」であり、何度も成功が続くという成功体験が次の挑戦に好影響を与えます。

授業の概要を「授業研鑽チーム」のメンバーと私に説明したとき、先生は別の授業を計画していて、生徒たちが「時計のパートナー」[15]、「コーラス応答」[16]、「ランダム・ポール（投票）」[17]、「持ち運び用のホワイトボード」、「個別－ペアークラス」[18]を使うつもりであると明言していました。

これらの方法を使うことによって、全員の生徒が学習活動に積極的に取り組むことが期待できます。頻繁に授業の流れを止め、生徒が考えたり話せる機会を提供することで先生は、生徒たちに自分のペースで学習できる余裕を与えつつ、思慮深い質問をし、必要な支援を与えます。

授業で「時計のパートナー」のやり方をパーキンス先生が紹介したとき、時刻は四回選択できるようにしたほか、月毎に役割を変えるようにしました。これによって、生徒は年間を通じてさまざまな人と協力する機会が得られました。

授業の開始時にパーキンス先生は学習目標と到達基準を紹介し、生徒たちは三時のところに書かれた名前の人とパートナーを組んで、「質問と答えの関係」（一五一～一五五ページを参照）について学習目標の振り返りをしました。

パーキンス先生は、教室の中で場所を決めて三時の「時計のパートナー」と立ち話をしているペアに注目しました。彼らは学習目標について話し合っており、その目標の到達基準を達成するために何をすればよいかと相談していました。

生徒たちが話をしている間、パーキンス先生は彼らのそばに立ち、彼らが学習目標についてどのように考えているのかと興味をもって聴いていました。いくつかのペアが授業の目的を正確に解釈しているのを確認したあと、先生は教室全体に授業目標を伝えないという選択をしました。貴重な時間を費やしてまで、パートナーを代えて学習目標について話し合う必要がなかったからです。先生は、生徒が学習する準備ができていることを確認し、席に着かせてから次の段階に進みました。

基本的な知識を修得する必要があったので、パーキンス先生は視覚的な方法で、授業で学んだ「本文読解」、「思考と探索」、「著者と読者の答え」、「自分の考え」という四つの「質問と答えの関係」（詳細は一五一ページを参照）を簡単に説明しました。先生はそれぞれの説明において「コーラス応答」を使う機会を生徒に与え、新しい語彙が定着できるように一つずつ繰り返したので

(15)　さまざまなパートナーと活動するためのペアづくりの活動。時計の文字盤の横に名前が書かれたシートを用意します。各時刻のそばに描いてある線のところにパートナーの名前を書きます。合計一二本の線に一二人のクラスメイトの名前を記入すれば、教師が指定した時刻の人とペアをつくることになります。

(16)　教師の合図で生徒が一斉に応答し、鍵となるフレーズや単語を繰り返させる方法です。生徒の繰り返しには、質問に答える場合と教師が言ったことを繰り返す場合の二種類があります。コーラス応答は、クラス全体が概念を理解しているかどうかを教師が判断するのに役立ちます。

(17)　(Random Poll) ＳＮＳのアンケート機能を用いた無作為な世論調査のことです。

(18)　九ページの注（3）を参照してください。

す。先生は、いったん四つの「質問と答えの関係」の定義を理解した生徒たちは、その知識を活用する準備ができていることを理解していました。

ほとんどの生徒が四つの関係を理解していることを示す十分な証拠を見せたので、パーキンス先生は彼らを別の「時計のパートナー」と組ませて、自分の言葉で四つの関係を定義させました。そこでも私は、先生が支援を必要としている生徒たちを探しだして、自分の言葉で定義を表現している様子を見ました。その生徒たちを先生が意図的に選んでいることは明らかでした。

この方法は、手を挙げさせるよりも効率的で、効果的でした。もし、先生が特定の生徒から話を聞きたいと思って挙手させるという方法を使っていたら、その生徒はクラス全員の前で、伝統的なやり方に基づいて一人で発表をしなければならなかったでしょう。それに対して先生がとった方法は、すべての生徒に話す機会を提供しながら、注視したい生徒をチェックするということを可能にしたのです。

パーキンス先生の次の目標は、四つの「質問と答えの関係」を実際に適用することでした。先生は文章に関連した質問をし、生徒はそれがどんなタイプの質問（一五一ページを参照）かを特定しなければなりませんでした。生徒はより高度なレベルの質問を分析し、応用する必要があったので、最初にグループ全体で再び「コーラス応答」を試みましたが、少し苦労していました。

コーラス応答によって、何人かの生徒が質問のタイプを特定していないことが分かりました。

しかし、応答があまりにも速かったので、誰が質問のタイプを特定していて、誰が特定できていなかったのかについてパーキンス先生は確認できませんでした。そこで先生は、全員が手を挙げていると仮定しながら、誰がつまずいているかをより正確に確認できる別の活動に移りました。先生は、「立つか座るかで投票」[19]を使ったのです。

生徒たちは少人数のグループに分けられ、質問のサンプルが書かれた紙が配られました。サンプルの質問をもとにして、質問にはどのようなタイプがあるのかを決定するために、それぞれのグループで考えました。そして、各グループの結論が出たあと、自分たちの結論とほかのグループの結論を比較しました。

「持ち運び用のホワイトボード」にグループで決定した結論を書くことになっていましたが、それぞれの生徒にグループの結論を書く責任がありました。合図とともに三つ数えて、彼らは先生にではなく、グループの結論を互いに見せあったのです。その後、自分たちの結論をほかのグループの結論と比較し、もし違う結論であった場合は、理由を確認するためにそのグループの生徒に質問をしていました。このような流れはパーキンス先生の授業においては一般的なもので、すべての生徒がほかのグループの考えについて質問できることを知っていました。

(19) 教師が質問した際に、同意する生徒が立ち、同意しない生徒は座り、授業の理解度を測るという方法です。

この授業では、すべての生徒に対して答える機会が複数回与えられており、すべての生徒が学習に対する責任をもっていることを示していました。そして、パーキンス先生は、生徒たちが小グループの仲間から支援を受けられることを知っていました。その後、それぞれの学びの程度を測定するため、学習目標が達成されていることを確認する四つの質問（簡単なクイズ）で授業は締めくくられました。

長い間、挙手は学校における伝統となっています。勉強をしはじめたばかりのころ、話すときは手を挙げて、指名されるまで順番を待つようにと生徒は教えられます。しかし、このやり方は、すべての生徒が学ぶには効果的とはいえません。

教えることと学ぶことに対するアプローチが学習プロセスのすべての段階を含むとき、私たちは単なる質問と回答とのやり取りという過去のアプローチを乗り越えて、実際に生徒が学習内容を理解できているかどうかを確認しなければなりません。授業全体の代表として少数の回答を取り上げる方法に代えて、すべての生徒が授業に参加できるようにするのです。すべての生徒が積極的に、学習の責任を担えるようにしましょう。

教師やクラスメイトからの質問ですべての生徒が学習に参加することによって、学んでいるかどうかは確認[20]できますし、学べていない場合は、教師が対処すべき方法が明らかになります。生徒の学習意欲があるかどうかを確かめたいのであれば、生徒全員にやる気があり、手を挙げる準備ができていて、発言の機会を待っている状態を想像してください。

一度に一人の生徒を指名することに賛成している人の意見を聞くと、何もしないで生徒を授業から追いだすようにすすめているようなものです。さらに付け加えれば、「手を挙げてはいけません。そうすれば指名されず、危険を冒さなくてもいいし、考えたり学んだりする必要もありません」と言っているようなものです。

もちろん、こんなメッセージを実際に発信する教師はいないでしょう。しかし、私たちは、毎日「分かる人は手を挙げて」と言っているのです。

---

(20)　これは新学習指導要領で重視されながら、評価が困難とされている「主体性」と同じ意味と思われます。主体性も、関心・意欲・態度も、文科省はことのほか大好きで、すでに三〇年近く掲げています。しかし、教科書教材と一斉指導のために、授業のなかで生徒が示せる主体性や関心・意欲・態度はかなり低い割合でしかなく、ほとんどの部分を教師の教え方と教科書教材が占めています。それを、学校関係者を含めて教育界の人が指摘しないのは、いったいどういうことなのでしょうか？

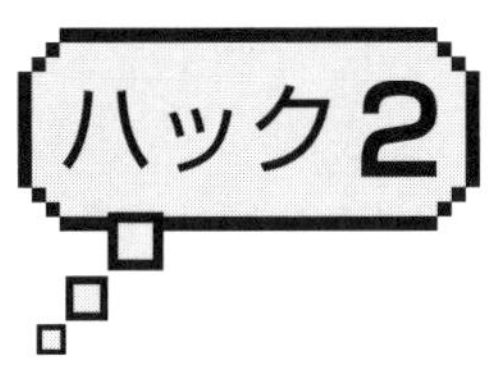

「分かりません」とは言わせない

自立的に考えるバトン*を生徒に持たせ続ける

あなたは、自分の心の管理者です。
正しい方法を使うことで、
自分の心を成長させることができるのです。

キャロル・ドゥエック（Carol S. Dweck）
世界的ベストセラーである『マインドセット「やればできる！」の研究』（草思社）の著者でスタンフォード大学の心理学教授。

［*ここでのバトンとは、陸上のリレー競技に使われるバトンのことです。本文にも出てきますが、教師が考え続けるのではなく、生徒が考えるように、自立的に考えるバトンを教師が持たないようにすることが大切です。］

問題——逃げ道として、生徒は「分かりません」と言う

教師が生徒に学習内容を提示したり、投げかける質問について考えているとき、教師は思考プロセスにおける責任の大部分を背負っています。当然、授業計画は、できるだけ長く生徒たちが自立的に考えるバトンを持てるように設定する必要があります。しかし、ある生徒が「分かりません」と言ってしまう場合は、本質的にそのバトンの受け取りを拒否していることになります。肩をすくめる、無表情でじっと見つめる、あるいは「えーっと」のような意味のない言葉を発するときも、すべて「分かりません」という反応と同じです。つまり生徒は、考えることも、授業に参加することも避けているわけです。

もちろん、反射的に「分かりません」と生徒が言ってしまうときもあります。おそらくその理由は、答えがすぐには分からない、あるいは本当に分からないかもしれないと思わせるように困惑したふりをして、みんなから注目されることを避けたいからでしょう。

理由が何であれ、「分かりません」という反応は授業においては問題となります。教師がそれを回答として受け入れてしまうと、問題を深刻化するだけとなります。生徒たちは、努力やリスクを回避したい場合、その切り札となるのが「分かりません」と言うことであるとすでに学んでいるのです。

時に、この言葉ははっきりと口に出して述べられます。完全な静けさに支配されてしまうので、教師は次にどうすればいいのかと戸惑ってしまいます。沈黙が破られるまで待つか、誰かほかの生徒を指名するか、それともヒントを与えるべきか……と。

この問題をさらに複雑にしているのは、なぜ生徒は間違えるリスクを冒して考えることを嫌がるのか、なぜ思考プロセスに集中しないのかなどに関する理由が教師にははっきり分からないという事実です。(1)

「分かりません」と言うのが習慣になっているため、生徒が本当に答えを知らないのか、あるいはただ恥ずかしがっているだけなのか、それとも積極的に質問に取り組まないと決めてしまっているだけなのか、いずれにしても定かではありません。(2)

生徒の「分かりません」の背後にある理由を理解することができれば、教師は適切な対応ができるようになるでしょう。さらに、自立的に考えるバトンを誰が持ち続けるのかについてもコントロールできるようになります。

---

(1)　この点については、生徒が取り組むことを放棄してしまう問題に焦点を当てた『挫折ポイント』（およびそれへの対処法が書かれている本）を参照してください。

ハック――「分かりません」とは言わせない

私たちは、「分かりません」という答え方の根本原因を明確にして、生徒にそのように言わせないようにする必要があります。ご承知のように、生徒が「分かりません」と言うのは、本当に何も知らないからとはかぎりません。もちろん、実際に知らない可能性もありますが、それだけではないのです。また、それがどんな理由であれ、それぞれに解決策があります。

問題と対策を慎重に組み合わせれば、「分かりません」という答え方を葬り去ることができます。自立的に考えるバトンについて考えてみてください。授業中の「分かりません」を減らすためのカギは、自立的に考えるバトンを生徒たちの手に継続して握らせることです。このバトンを持っている人が、もっとも頭を使う仕事（思考プロセス）をしている人です。

では、生徒たちは自立的に考えるバトンをなぜ手放そうとしてしまうのでしょうか？　その理由の一つは、授業で行われている学びが「正解当てっこゲーム」だと多くの生徒が信じ込んでいるからです。このような誤った捉え方を払拭しなければなりません。生徒は答えを知らなくてもよいのです。彼らは、答えを知らないことが嫌なだけなのです。よって私たちは、「分かりません」を最終的な答えとは捉えず、思考プロセスのスタート地点と見るべきです。

なぜ、生徒たちは喜んでチャンスをものにしようとしないのでしょうか。そこには表出されない理由があります。「分かりません」は、間違うというリスクがないために安全な選択なのです。それに、自身が傷つくこともありませんし、スポットライトも当たりません。

簡単で万能な解決策はありません。つまり、「分かりません」に直面したとき、それを克服するための方法はないということです。なぜ、生徒が答えたがらないのか、どうして間違った答えを言うのを避けるのかについて、私たちはその理由を考えなければなりません。

根本的な原因を特定するために次ページの**図2－1**を使ってください。生徒が「分かりません」と言う根本的な原因を理解し、それを回避する方法が

（2）　基本的にエンゲージメントの段階は、「積極的（actively engagement）」、「アンビバレント（ambivalent）」、「積極的な消極性（actively disengagement）」、「受動的（passive）」の四段階に分類できるといわれています。エンゲージメントについては、https://projectbetterschool.blogspot.com/search?q=engagement　や、『教科書をハックする』の第1章「学ぶことは夢中になること」や『あなたの授業が子どもと世界を変える』の三一ページを参照してください。また、恥ずかしがり屋や内気な生徒への対処法については、『静かな子どもも大切にする』を参照してください。

> **生徒が「分かりません」と言う根本的な原因を理解し、それを回避する方法を見つけられれば、学習内容の理解を妨げている壁を取り除く第一歩となります。**

図２－１　生徒が「分かりません」と言ったり、何の反応もなかったりしたときの原因

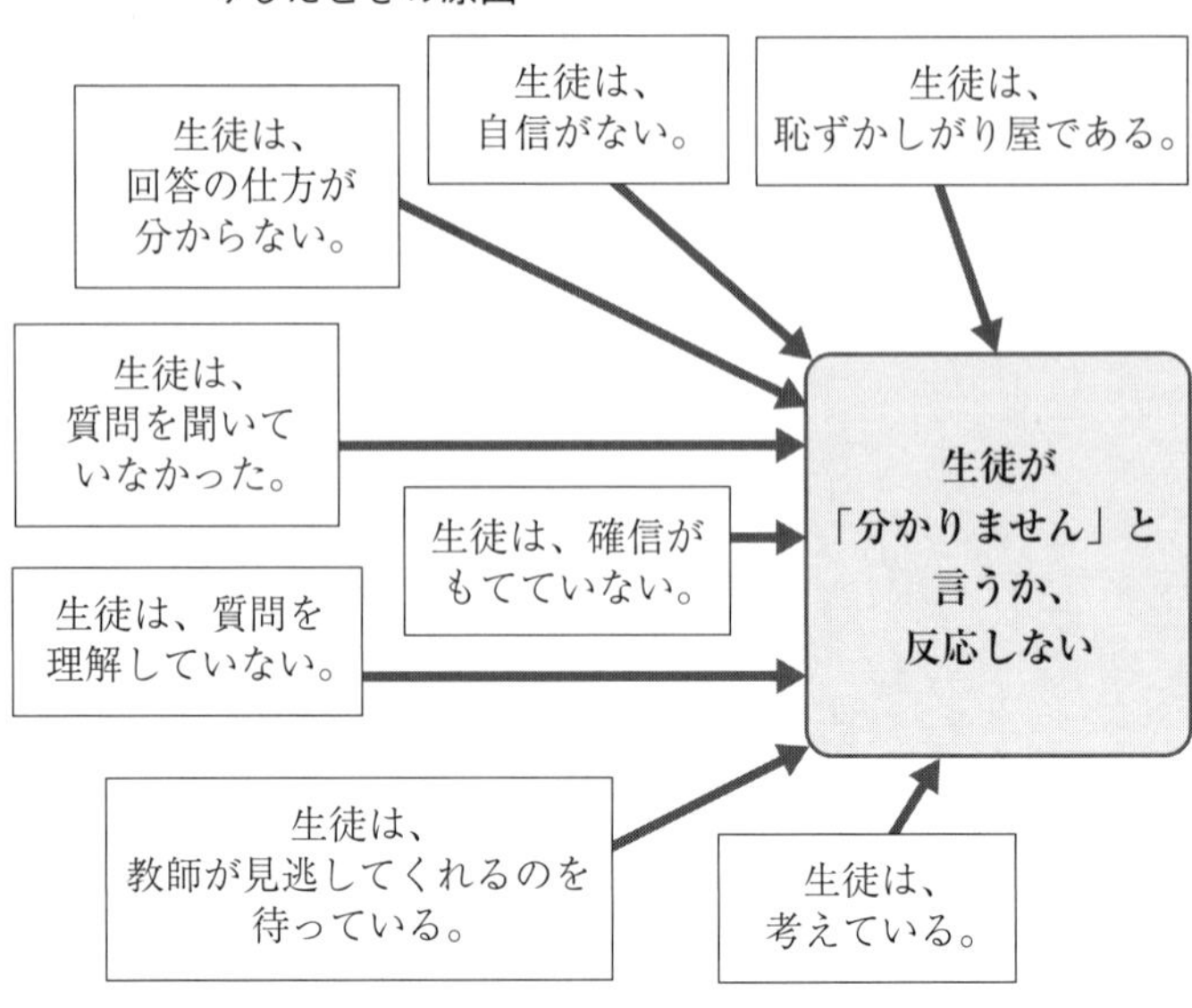

見つけられれば、学習内容の理解を妨げる壁を取り除く第一歩となります。

生徒が安心してリスクを取れる（挑戦できる）クラスは、安心安全が感じられる学びの文化を教師が創造しようとしないかぎり実現しません。生徒が「分かりません」と言ったときに対する私たちの反応の仕方は、学びにどれだけ価値を見いだしているのか、逆に正解だけにしか関心がないという姿勢を示すことになります。生徒が「分かりません」と言う理由を理解すれば、自信がないのか、興味がないのか、誤解しているのか、それとも特定の部分において理解に苦しんでいるのかなど、教師が判断を下せるようになります。

表２−１　異なる「分かりません」の理由と、その対応策

「分かりません」の理由	その対応策	注
質問を聞いていなかった	質問を繰り返す。	最初に質問されたときとまったく同じ方法で質問をします。多くの場合、教師は質問を繰り返す際にヒントを与えるため、生徒への認知的要求が低下します。
質問の意味を理解していない	同レベルで質問を言い換える。もしくは、意味が分からない単語がないかと尋ねる。	例「どのような方法で問題を解きましたか？」⇒ ①「方法」の意味を知っていますか？ ②問題をどのように解きましたか？
ずっと考え込んでいる	待つ。	多くの場合、待ち時間をつくることが最適な方法です。「考える時間が必要ですか？」と尋ねて、待ち時間が必要かどうかを確認することもできます。一人の生徒を指名するときも、全員に考える時間を与えましょう。このやり方なら、指名される生徒もそれほど不快ではないでしょう。
恥ずかしがっている	「二人で質問しあう」(*)のような話し合いの手順を使う。	恥ずかしがり屋の生徒の話し方を聞きましょう。彼に指名する許可を得て、彼がクラス全体に話すときは、側にいるようにしましょう。教師が側にいると、人見知りで内気な生徒にとっては心強いことがあります。
生徒は自信がない	生徒が反応を定量化できるようにする。	「かもしれない」の力を使いましょう。これを質問に追加すると、問題が大幅に緩和されます。 例：解決策は何ですか？（断定的）⇒どんな解決策が考えられると思いますか？（推量的）
生徒はより多くの手がかりを得ることに慣れているので、教師の反応を待っている	過剰にヒントを出すパターンを変える。	生徒があなたをじっと待っていると思うなら、いくつかの対応手段を用意しましょう。あなたが沈黙を不快と感じるなら、同様に生徒も不快だということを覚えておきましょう。待ちましょう！
これらの方法は、個別、小グループ、大グループ、そしてクラス全体の指導に使えます。		

（＊）この方法は184ページで詳述されています。

前ページの**表2－1**を使って、「分かりません」の理由に対するあなたの対応策を準備してください。この表を使えば、生徒の回答である「分かりません」を耳にする回数は減るでしょう。

あなたが明日にでもできること

「分かりません」をあなたの教室から葬り去るためには、生徒の学び方を改める必要があります。生徒がただ「分かりません」と言って安易な道を選択するのではなく、以下の方法を試して、学習に対する責任を生徒が受け入れるようにしてください。

自立的に考えるバトンとして実際のモノを使う

ボール、ぬいぐるみ、または本物のバトンを、話し手が持つものとして使います。私は、本物のバトン、あるいは「思考の棒」(3)を使っています。

発表の場面で特定のものを生徒が持てば、自分の番がやって来た、仲間の思考プロセスに貢献するときだ、という合図になります。その象徴となる自立的に考えるバトンは、生徒にとってその場の行く末を自分が握っているという合図になるとともに、教師が回答を心待ちにしている状態を示します。

万が一、生徒が「分かりません」モードに陥りそうになったなら、自立的に考えるバトンはあなたに返されるでしょう。しかし、この時点では、あなたはバトンを受け取るべきではありません。その代わりに、「分かりません」と言わせない方法を使います。

生徒がバトンを持ち続けるような対応策を用意しておく

もしも生徒が「分かりません」と言ったら、次のような質問を使って、生徒の考えを整理してみてください。決して、質問の難易度を下げたり、生徒の代わりに答えたりしてはいけません。

「分かりません」を封じるために準備した質問を使い続けてください。

・あなたがもし答えを知っているとしたら、それは何だと思いますか？
・考えにくい答えは何ですか？
・あなたがこれまで考えていたのは、どんなことですか？
・考えたことを教えてください。あなたの頭の中にある声を私たちに聞かせてください。

（3）「トーキング・スティック」なら聞いたことがある先生もいるでしょう。アメリカ先住民が話し合いの際に使う棒で、それを持っていない参加者は話すことができないというルールがありました。

・あなたが確かだと思う部分と、まだ考え中の部分を教えてください。
・あなたが行き詰まっている部分はどこですか？

生徒に自分の考えを見極めてもらう

考えや言葉に自信がない場合、生徒は「分かりません」を使って、確信できない答えを言うことから逃れようとします。もしも、答えるのをためらっていると感じたら、答えを認めたり修正したりするのではなく、次のような形で柔軟に考えるようすすめてください。

・今、考えていることは……。
・今、私が知っているわずかな情報に基づくと……。
・あとで気が変わるかもしれませんが、今考えていることは……。
・まだ考え中です、それを部分的に言うと……。
・まったく確信がないので、あてずっぽうで言わせてください。

これらはすべて、生徒が自らの考えに一〇〇パーセントの確信をもっていないときに使える発言の仕方です。

一〇〇点ではなく合格点を目指す

完璧主義者はどこのクラスにもいます。そうした生徒は、答えを知らなくても許されるという考え方に抵抗があるため、自分で正しい答えを出そうとします。しかし、このような生徒は、自分の考えに九五パーセントの自信があっても「分かりません」と言う場合があります。こうした生徒には、数値で自分の考えの確かさを表すように求めるのです。生徒の考えを発表させ、それがどれほど確かなことかを数値化して、たとえ回答が間違っていてもあまり落ち込まないようにします。

答えを数値化するというのは、社会的にも受け入れられています。「私は九九・九パーセント自信がある」や「私は三〇パーセントしか自信がない」などのセリフを、あなたも何度か口にしたことがあるでしょう。

もし、ある生徒が自分の回答に四〇パーセントしか自信をもっていないとしたなら、六〇パーセントは確かではない、ということになります。もし回答が的外れであったとしても、部分的には正しいということになります。つまり、数値化することで、一〇〇パーセントと思える回答との間にどのようなギャップがあったのかを教師が認識できるようになります。

私たちは、「確信がもてないことは普通である」というメッセージを生徒に伝えなければなりません。答えに対して確信がもてない場合、生徒が「分かりません」と言う反応をこのようにして避けるのです。

回答としての質問を認める

答えを要求するというよりも、生徒が質問に対する質問を見いだし、それを共有することを促してください[4]。そうすれば、効果的な質問を通して彼ら自身がもっている知識が明確になり、深めることができます。自分のなかから沸き起こる自然な好奇心を探究するように励ましましょう。テーマに関する質問を言葉で表現することで対話がはじまり、沈黙や無表情な態度にならないよう、生徒自身がより良い方向に導いてくれるでしょう。

生徒の答えではなく努力を認める

正しい答えを褒めてしまうと、生徒はリスクを取らないようになってしまいます。なぜなら、多くの生徒は、回答に対する称賛をそのまま自分自身に当てはめてしまうからです。つまり彼らは、自分が賢い／賢くないという固定的な考え方から、正解／不正解をそのまま自己評価と同一視してしまうのです。となると、正解に対する称賛は、次の答えが正しくない場合には否定的な自己評価となってしまい、一時的な効果で終わってしまいます。

一方、答えそのものではなく前向きに学ぶ姿勢を称賛すれば、生徒が正解を知っているか、または理解している段階であるかにかかわらず、効果が長く続くことになります。努力、粘り強さ、創造的思考、問題解決、そして振り返りといったものは、昔から生徒が質問に対する答えを得る

表2－2　思考プロセスに焦点を当てたフィードバックの仕方(*)

生徒や答えに注目した褒め方	思考プロセスに焦点を当てた褒め方
そう、それは正しいです。	あなたは注意深く読んでいました。
君はとても賢いです。	今日は、本当にいい頭の体操になったね。
大変なのは分かっているので頑張って！	これは難しいことですが、努力すれば上達するでしょう。
よい答えです。	これまでの努力が報われたね。諦めなくてよかったです。
いや、それは正しくないです。	ここから何が学べますか？
それは私が求めているものとは違いますよ。	私はあなたの考えていることが理解できます。あなたがどうやってその結論に達したのか分かりますよ。
ほら、簡単だね。そう思いませんか？	あなたの考えはうまくいっているようです。どうやらあなたは、今それを理解しつつあるようですね。

（*）表の左の項目は、「教師が生徒に言うべきでない」例を、右の項目は「左の意図を変更せずに、このように言い換えたほうがいい」例を示しています。

のに役立つ方法なのです。

ただ単によい答えを言ったことに対してではなく、よく考えたことに焦点を当てる方法を探しましょう。これについては**表2－2**を参照してください。これを練習すれば、挑戦しがいのある状況に生徒が直面したときに求められる「根気強さ」が身につくでしょう。

（4）そうすることで、探究心や質問のスキルを飛躍的に高めることができます。生徒が自ら質問を生みだすことには重要な学習上の意義があります。そのためにも、教師が描いたシナリオどおりに授業が進まなくてもよいという柔軟な姿勢をもつ必要があります。

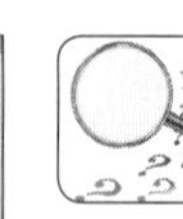

完全実施に向けての青写真

ステップ1　答えが分からなくてもよいのだということを生徒に伝え、彼らが知識を得るための計画を立てる

間違うことが許されるという学習空間をつくることは、解決策の半分でしかありません。自分の知っていることと知らないことを自己評価できるというのは大切なスキルです。それが分かっていれば、生徒が何をすべきかを知るのに役立ちます。いってみれば、乗車時に自動車のエンジンランプの点灯を確認するようなものです。

問題を評価して解決する方法を知らなければ、たいていの人はただ肩をすくめて、何も問題がないように運転を続けてしまうでしょう。もし、答えが分からなければ解決策を探さなければなりません。友人に尋ねたり、マニュアルを見たり、インターネットで原因を調査したり、整備工場まで車を運んだりすることでしょう。問題があることを知っているだけでは、解決策にはならないのです。それを解決するためには、次の段階に移る必要があります。

私たちが「分かりません」を受け入れてしまったら、それが生みだすギャップを埋める機会は永遠に失われてしまいます。評価の種類によらず、生徒の学習到達度がよくない理由を考えて対策を講じないままでいるということは、警告灯が点いているのに気づきながら自動車の運転を続け、急にエンジンが止まって停車してしまい、道路脇で立ち往生して頭をかかえるといった状態だといえます。

ステップ２　「分かりません」への対処法を網羅した表を作成する

「分からなくてもいいです」と教師が言ったり、「分かりません」と言うことが許されていなかったり、教師が矛盾したことを言ったりするのは、生徒にとっては苛立たしい状態です。ご心配なく、ちゃんと解決策はあります。生徒が責任ある学習者であるためには、自分自身を助けるための方法を知っている必要があります。

目に見える形で受け入れ可能な反応の一覧表[(5)]が表示されていれば、生徒は自分の学習をコントロールしながら、問題がどこにあるのか自分で確認できます。生徒と一緒に、この一覧表を練りあげていきましょう。次のような、複数の生徒が示す「分かりません」の反応に代わるものを作成しましょう。

・質問を繰り返してください。

(5)　実際の表はありませんが、以下に具体例が示されています。

・もう少し考えさせてください。
・質問がよく分からないので、言い換えてくれませんか？
・〇〇〇という言葉の意味は何ですか？
・〇〇〇について、もっと情報をもらえませんか？
・少しはっきりさせるための質問をしたいのですが。
・参考にするための資料を確認させてください。

ステップ3 自立的に考えるバトンをクラスメイトに手わたすことを認めない

「分かりません」を避ける選択肢を考えているときによく出されるのが、「友達に電話をする」というものです。これは「クイズ$ミリオネア」[6]というクイズ番組に由来しています。番組の出演者には、答えが分からない場合、三つの選択肢（ライフライン）が与えられています。

❶会場の観客に尋ねる。観客に投票で答えてもらい、自分の答えを決めます。
❷フィフティ・フィフティ（50：50）。四つの選択肢を二つまで削除し、二択から回答します。
❸友人に電話する。出演者があらかじめ提出したリストの人に電話をして、その人の答えを聞く。

「クイズ$ミリオネア」の最新版では、三番目のライフラインが修正されました。「友人へ電話する」に代わって「プラス・ワン」と呼ばれているものが採用されています。挑戦者は、事前に決めていた人を舞台に上げて一緒に参加してもらいます。挑戦者と友人が話し合って、正答を探します。友人は挑戦者によく考えるようにと促しますが、最終的には、友人が言ったことをどのように解釈するのかという責任を挑戦者が負います。重要な点は、挑戦者が番組の間ずっと自立的に考えるバトンを持っており、思考プロセスの所有権をもっているという仕組みになっていることです。

この三つ目のライフラインは教室でも人気があります。もちろん、実際に、友人に電話をするように促すわけではありません。「誰かに助けを求めますか?」と言う場合もありますし、教師がじれてしまって、「誰か助けてくれない?」と言ってクラス全体に呼びかけるときもあります。元のライフラインを変えていることにはなりますが……。

このクイズ番組では、司会者が質問をし、挑戦者がそれに答えるという責任があります。もちろん、挑戦者は友人に協力を求めることはできますが、挑戦者には、その友人が言ったことを自分なりに意味づける最終責任があります。つまり挑戦者は、常に、自立的に考えるバトンを持っているということです。

（6）日本でも、みのもんた氏司会の同名番組で有名です。

教室でも、「友人との電話」は同じようにはじまります。まず、司会者役が挑戦者（この場合は生徒）に質問をします。生徒は、自分が答えを知らない場合、教室の誰かに助けを求めます。ここまではクイズ番組とあまり変わりません。しかし、クイズ番組と教室では違う重要なポイントがあります。

クイズ番組では、挑戦者が友人に相談し、一緒に答えを考えている会話を観客と司会者が聞いています。この様子を教室でいえば、司会者である教師が挑戦者である生徒から質問を取り上げ、別の生徒に同じ質問を提示することになります。そうすれば、最初に指名された生徒はほかの誰かに自立的に考えるバトンをわたすことになり、ほかの人が次のプレイヤーになります。しかし、これではこのクイズ番組で億万長者にはなれません。

許可される「分かりません」反応のリストにライフライン含める場合は、友人への電話が自立的に考えるバトンのパスではなく、「プラス・ワン」であるということを明確にしてください。そうすれば、助けを求めた生徒は考えることを放棄せずに学習を進められます。

ステップ4 「分かりません」を葬ろう

教室において「分かりません」のお葬式を執り行い、あなたが喪主となって「分かりません」にお別れする儀式を行ってください。生徒には、二つのレンズを通して「分かりません」を見てもらいます。まず、彼らと教師が、知らないことがたくさんあるという事実を強調してください。(7)紙に、知らないことを書いてもらいます。その内容は、彼らが知りたいと思っていることかもしれませんし、宇宙船の操縦方法など、広範囲に及ぶスキルや経験かもしれません。この段階での目的は、すべてを知っていなくてもいいと認識することです。

次は生徒に、自分たちが「分かりません」と答えた理由を考えるように導きます。別の色の紙で、「分かりません」と答えた根本的な原因をいくつか探ってもらいます。実は分かっているかもしれないときに、あるいは、少なくともアイディアをもっているにもかかわらず「分かりません」を生徒が使っているという事実をあなたは知ることになるでしょう。

生徒に対して、「分かりません」と答えた根本的な原因は、ほかにも原因があるということを悟れるように振り返りを促してください。それらの回答は、コメントなしですべて受け入れましょう。このタイミングで、「そうですね、ですが……」と反論や批判をしないでください。そんなことをしたら、生徒はどのように感じるでしょうか？　仮にある生徒が「自分は分かりません」と言うのは、自分の考えが十分によいと思わなかったからです。

議論をせずに書き留めましょう。立ち止まって、それらの根本的な原因を議論する必要はあり

---

(7)　探究学習をすると、このことがよく分かります。

ません。ここで大事なのは、「分かりません」の理由をできるだけ多く集めることです。

さあ、お葬式がはじまる時間です。手の込んだものでも、カジュアルなものでもかまいません。「分かりません」に対する追悼文を生徒に書いてもらってもいいですし、あなた自身が最後の別れを告げることもできます。

「分かりません」という回答を土葬で葬るのか、火葬で葬るのかを決めて、「分かりません」を永眠させます。学校の裏手に穴を掘って「分かりません」とその理由を土の中に埋めるか、「分かりませんの人生」をより劇的に終わらせるために燃やしてしまいましょう（ただし、この葬儀が学校の安全指針に違反しないように、また点火する前に防火規則があるかどうかをチェックするほか、必要な場合は許可を得てください）。

ステップ5　生徒がとった行動を説明する

これで、あなたは教室から「分かりません」を葬り去りました。それでは、生徒が「分かりません」以外の回答を使ったときのエピソードをもう一度見てみましょう。これらの回答に注目すれば、最終的に生徒の成功や学びに導くような行動の強化ができます。たとえば、次のような出来事です。

「質問が分からないのは『報いる』という質問の単語が分からなかったからですね。質問のなかの単語の意味さえ明確になっていたら、あなたは自分の考えを詳しくクラスに言えていたでしょうね。火葬した『分かりません』は、もう灰の中から蘇ることはありませんね」

　このように説明すれば、周囲の人に認められる形で生徒の地位を向上させますし、学び続けることの規範を強化し、知識は最初から生徒のなかにあった、と強調することになります。つまり、生徒がとった行動を説明するというのは、質問に対する回答を躊躇（ちゅうちょ）している理由を解明することなのです。

課題を乗り越える

課題１　注目の的になることで生徒の不安がかき立てられるかもしれません。

　極端でなければ、ある程度の不快さであれば生徒たちも受け入れます。学ぶというのは大変なことです。初めから「分かりません」と答えられない状況では、生徒たちは学ぶことが大変だと予測するかもしれません。自立的に考えるバトンを生徒たちに持ち続けてもらうといっても、彼らにずっとスポットライトを当てるということではありません。

　それを実現する効果的で簡単な方法の一つが、「ペアで話し合う」（一八四ページを参照）です。

クラスの生徒全員に、質問についてペアになって話し合うように促すのです。そうすれば、生徒の不安を和らげると同時に、教師であるあなたには教室を巡回するだけの時間がとれますので、生徒たちを元気づけることができます。

課題2　彼らに答えを伝えたほうが簡単です。

このやり方は、ほかの方法よりも簡単ですか？　おそらく、それは教師にとって簡単なのでしょう。よって、この方法はあまり効果がないでしょう。学ぶというのは簡単なことではありませんし、常にもっとも簡単な方法を選んでもいけません。もしも、あなたが「分かりません」という最終的な回答に直面したなら、そのときにとる最善の方法は、何を考えるべきかについて粘り強く教えることです。

生徒の理解を確かなものにするのは容易なことではありません。単に答えを伝えるような授業の繰り返しでは、生徒は考えることができず、結局「分かりません」を使ってしまいます。生徒には、授業の重要なポイントを理解する必要があります。話を聞くだけ（積極的かどうかは別として）という姿勢は、脳の神経細胞・脳の神経細胞・ニューロンを活性化しません。そして、「新しいニューロンが生まれない」ような授業は、新しい学びを妨げ、「分かりません」という反応を何度も引き起こすことになるでしょう。

課題３　「分かりません」と言えば授業に参加する必要がないと思っている生徒がいます。

あなたは、もうすでに根本的な原因を特定しています。彼らが積極的に学ぶのを拒むために「分かりません」を使っているのであれば、仲間とともに動く学習活動を取り入れてください。授業への参加を避ける手段として「分かりません」を利用する生徒は、目立つことを望みません。もし、ほかの生徒全員が席を離れているとき、席に座ったままの生徒は嫌でも注目を集めてしまいます。彼らがほかの生徒に溶け込むためには、立ちあがってクラスの動きに参加しなければなりません。

表２－１（四一ページ）に記した「異なる『分かりません』の理由と、その対応策」を参考にして環境を変えてください。そして、参加したくない生徒たちが、これまでとは異なる方法で物事が見られるように励ましてください。

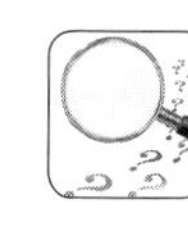

ハックが実際に行われている事例

教師は、クラス運営の役割を一人ひとりの生徒に割り振ることで、生徒の責任感やコミュニティーの感覚を高め、リーダーシップのスキルを育成します。三年生を担当するモーリーン・ジョーゲンセン先生の掲示物の一つには、「クラス・ブレイン」というユニークなタイトルがついています。

当初、クラス・ブレインに選出された生徒は、ジョーゲンセン先生が読解指導で考え聞かせ(8)をする間、先生の隣に立つという任務がありました。ブレインとは、脳を擬人化した考えで、思考のプロセスを声に出して表現するために役立ちます。ジョーゲンセン先生のように熟達した読み手であっても、複雑な文章に直面すると、やはりその文章を理解するためにクラス・ブレインを使用しています。

読み聞かせをしながらジョーゲンセン先生は、文章のなかのとくに難しい箇所を選んで、授業の流れをいったん止めました。そして、困惑した様子で、ひと言「ブレイン?」と声を発しました。すると、生徒たちが「分かりません」と言いたい瞬間にどのように対処するのかを言葉で説明する間、(9)「クラス・ブレイン」に指名された生徒が先生の側に立ちます。

ある日、私がジョーゲンセン先生の算数の授業を見学したときのことですが、先生は生徒に、質問に答えるよう求めました。先生が「正しい考え方」に耳を傾けるように訓練していたので(詳細は「ハック8　生徒の思考プロセスという音楽に耳を傾ける——正解だけでなく、正しい考え方に注目する」を参照)、生徒は質問に答えることができました。そのあと、先生はどのようにしてその答えを得たのかについて説明を求めましたが、回答はありませんでした。

ジョーゲンセン先生が生徒たちに適切な思考プロセスの時間を与えていたとき、ある男子生徒が先生をじっと見つめていました。そして、「分かりませんの代わりに」という掲示物にちらりと目をやりましたが、私たちが極力避けている「分・か・り・ま・せ・ん」という言葉をついうっかり発してしまいました。

ジョーゲンセン先生は彼に、微笑みながら「分からなくてもいいのですが、挑戦しないことはよくありません」と言って、この生徒に大切なことを思い出させました。そして、どのような助けが必要なのかと尋ねました。すると生徒は、「ブレインが必要だと思う」と恥ずかしそうに答えました。

この瞬間までジョーゲンセン先生は、生徒がブレインを使って考えることを思いつくなんて想像もしていませんでしたが、先生はすべての教師がすべきことを行いました。先生は、その生徒の提案を受け入れたのです。先生はクラス・ブレインに対して、その生徒の側に立つように指示し、彼のブレインのイメージを沸き立たせるように指示しました。それはまるで、幼児のちょっ

（8）　考え聞かせは、読んだり、見たりしているとき、自分の頭の中で考えていることを言葉にして吐きだすことを意味します。本書の一五六～一五七ページには、その活用時の秘訣がありますが、詳しくは『読み聞かせは魔法』の第3章を参照してください。

（9）　考え聞かせのことです。

としたケガの痛みがキスで消えるかのような魔法ともいえるものでした。消極的だったその数学者（生徒）は、ブレインのおかげで算数用語を使いながら自分の考えを証明しはじめたのです。

こうしてジョーゲンセン先生は、生徒の頭の中の声を（考え聞かせという方法を使って）聞くことができたのです。いうまでもなく、教室の規範としてはよくできたもので、先生はそれを使って授業のなかで起こる学習上のさまざまな問題を解決し、生徒の考えを証明し、明確にするほか、思考プロセスを粘り強く続けるために必要とされることを生徒ができるようにしたのです。みなさんも、生徒たちに自分の頭を使うように教えている場面を想像してみてください。

「分かりません」を使うことは、長年にわたる教室での会話を通じて生徒が習得した習慣です。彼らは、学習内容が容易ではないと分かったら、時々もがき苦しむことを避けようとします。そんなときに「分かりません」を使えば、教師が別の人を指名したり、質問を分かりやすく言い換えたりしてくれたのです。

生徒が「分かりません」と答えることに打ち勝って、考えることに集中し、そして学びに夢中になって取り組んでいる様子がたたえられると、正解を知らないことに対する後ろめたさをあまり感じなくなります。また彼らは、学ぶというのは混乱するものであり、しばしば手間と時間がかかるということに気づきはじめます。

私たちは、「分かりません」という回答や生徒たちの沈黙の意味を捉え損ねてきました。何かヒントを出すべきなのか、もう一度教えるべきなのか、または質問のレベルが下がることを生徒は望んでいるのだと思い込み、生徒の学習機会をフルに活かしてこなかったのです。

生徒の回答に介入する前に、回答がない理由がほかにないのかどうかを明らかにしてください。生徒が質問に回答するとき、生徒の能力を邪魔するものがないか、もしあるのなら、彼ら自身が解き明かせる方法を生徒に与えてください。これは、リスクをとるようにすすめ、成長を続ける心構えを維持するサポートとなります。

こうして、学習に夢中で取り組む責任は、常に生徒の手の中にあり続けます。このハックを使えば、最初の反応として生徒が「分かりません」と言う回数を減らすことができるのです。

「分かりません」という生徒からの反応に対して、科学のようにルールに沿った対応策はありません。教師と生徒の関係というものは、一回の授業よりもはるかに長く続くため、状況によって微妙に違ってきます。教師には、それらを個々に処理する必要があるのです。また、万が一関係が破綻したときは修復が困難となりますから、学ぶことを期待し続けている間は生徒の尊厳を尊重してください。私たち教師一人ひとりがそのようにするのです。

学習に区切りをつける

振り返りの質問で締めくくる

私たちは、経験から学ぶのではなく、
経験を振り返ることから学ぶのです。

ジョン・デューイ（John Dewey, 1859～1952）
哲学者であり、教育改革者。

問題──学習時間に「まとめ」が含まれていない

「時間」は教育においてもっとも大切なものであり、管理するのが難しいことの一つです。授業中の時間配分には非常に多くのことを考慮する必要があるため、たとえどんなに慎重に授業計画を立てたとしても、それぞれの学習活動を時間どおりに行えることはほとんどありません。

多くの教師は、「時間に余裕があればこれを追加しよう」や「時間が足りなければこれは省略しよう」など、バックアップを用意して柔軟に対応しています。授業を計画する際、まとめが省略されることはほとんどありませんが、実際の授業ではあまりにも頻繁に省略されています。

学習活動の区切りを意識しない場合、生徒は経験したことと学びを結びつけるのが難しくなります。教師は、この経験と学びとの関連性を提供するために、次の授業の初めに「昨日、学習したことについて考えてみましょう」と前回の復習を行っています。しかし、これには二つの問題があります。

❶この発言は、学んだことではなく、行ったことに焦点を当てられている。

❷生徒が前回の授業で取り組んだことの意味を見いだして、次の授業でその意味を踏まえながら学習する機会を失っている。

授業への導入が前回の復習である場合、予備知識を活かすことができません。復習は、生徒が忘れてしまったであろう前回の詳細を思い出させる単なる反省会になっています。

今日の導入と昨日のまとめを一緒にするというのは一石二鳥で効率的な感じがしますが、「導入」と「まとめ」にはそれぞれ異なる目的があります。まとめは、生徒が学んだことに対して意図的に注意を向ける行為であり、記憶を呼び起こすものではありません。将来、知識を使用するために記憶を整理することが「まとめ」の目的ですから、記憶が新鮮なうちに行うのがもっとも効率的といえます。

毎回の授業において、生徒が何を学んだのかについて考えることはとても重要です。これについては、授業計画よりも授業が長引いてしまい、学習活動が次の授業に跨（また）いでしまったときや、教師の日常においても同じことがいえます。急いで家に帰るために学校を出ようとしているとき、その日のことを考えたり、明日の授業のことを考えたりする時間がないと焦りませんか？

私たちは、たとえ目標が達成できなかったとしても、一日の締めくくりを自然に行っています。「生徒たちは……を理解することに苦戦していたから、明日はそれをについて取り組む必要がある。でも、ただ教えるのではなく、生徒が間違った解釈に気づくような方法をとる必要があるなぁー」と、自ら考えを整理する人もいるでしょう。

私たちは振り返りを通して、今日起こったこと、それが何を意味するのか、そしてそれが明日にどのような影響を与えるのかについて簡単に思い出せます。もし、一日を意識的に締めくくることができなければ、頭の中で整理する時間がないとか、次の準備ができていないと感じるでしょう。予備知識を活用すること（導入）と、処理すること（まとめ）は同じではありません。それぞれが学習過程において重要な役割を担っているのです。

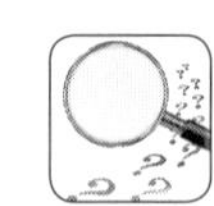

ハック――学習に区切りをつける

学習に区切りをつけるというのは、目的をもって意図的に学習を終わらせることです。今回のハックは、学習時間の区切りに着目します。授業計画で設定したまとめと実際の授業のまとめがずれることもあるでしょう。一回の授業で学習の区切りがあれば、まとめも行いやすくなります。これを句読点で表すと、句点や感嘆符で授業を終えられるということになります。

このようなまとめは短くてスムーズなものです。しかし、なかには、タイミングがずれたり、授業時間を超えてまとめを行う場合もあります。このようなときは、適切なまとめが行えない危険性が高くなる授業となります。句点か感嘆符で授業を終えるのが理想ですが、最悪でも読点や疑問符で終わるようにしてください。間違っても、無理やりまとめを行ったり、不自然な形で授業を終わらせたりしてはいけません。

授業時間も終わりに近づくと、自然と振り返りの時間になります。多くの教師は、生徒が学習目標を達成したかどうかを評価するために形成的な質問を使っています。これらの質問を通して、生徒が自らの学習に価値や関連性（次ページの**表３－１**参照）を見いだしているかどうかを判断することもできます。また、生徒が学習を自己評価し、残っている疑問を特定する機会を与えることもできます。いずれにしても、授業内容を要約し、学んだことを評価し、生徒の頭の中に定着させるための手助けをする必要があります。

そこで**表３－１**に示している出口チケット[1]が役立ちます。出口チケットは、さまざまな目的においても使用が可能です。特定の目的にかかわらず、生徒はどんな学習でも振り返りを行い、学習時間を意識的に区切ることができます。教師は、学習後に内容を要約することで生徒自身が思考プロセスについて考え、それを将来のために活用してほしいと願っているはずです。

次の日に授業が続くような場合や、予想外に授業時間が長くなってしまった場合は、授業が終わるまで振り返りの時間を先延ばしにしてしまうかもしれません。しかし、まとめの目的は、あ

（１）学んだ内容についての感想を、授業の終わりに書いて提出する紙片のことです。Ａ４やＢ５のように、大きくないのがポイントです。Ａ４の四分の一か八分の一で十分です！　まさにチケットの大きさです。

表３－１　さまざまな目的に使える出口チケット

理解の確認	関連性	自己評価	マインドセット(*)
・3-2-1の振り返り 三つの、あなたが学んだこと。 二つの、あなた自身の学習を支援する方法。 一つの、あなたがまだ質問したいこと。 ・今回の授業で学んだことは何ですか？ ・20字要約。20字以内で今日の学習の要約を書きなさい。 ・壊れたレコードの質問（詳細は「ハック５」を参照）	・読み手（書き手、数学者、科学者、芸術家、音楽家など）として、今日学んだことがどのように役立つと思いますか？ ・授業外で、今回の学習はどのように役立つと思いますか？ ・なぜ、あなたが学習した○○○（学習目標）は大切だと思いますか？ ・このような学習方法は、将来どのような場面で使えると思いますか？	・次回の授業での手助けの状況（４段階評価） ④クラスメイトを助けることができる。 ③誰かの助けを借りなくても課題ができる。 ②資料を参考にすればできる。 ①誰かの助けが必要である。 ・どれくらい確信していますか？　まずは「理解の確認」の質問に答え、あなた自身の答えに何パーセントくらい確信がもてるか数字で示す。 ・次に何を学ぶ必要がありますか？	・あなた自身との会話はどのようなものでしたか？　自分との会話が励ましだったのか、ネガティブなものだったか、助けになったかなど。 ・今回、難しい課題にどのように取り組みましたか？ ・自分のマインドセットが、今回の学びにどのような影響を与えましたか？ ・今回の学びで、どれくらい努力することを必要としましたか？ ・今回の学習は、どのくらいやりがいがありましたか？　何が、あなたの思考プロセスを推し進めましたか？

（*）ここで扱われているのは、取り組み方の根底にある「考え方」や「心構え」についてです。マインドセットには大きくは「成長マインドセット」と「固定マインドセット」がありますが、多くの人はその間を揺れ動き続けています。詳しくは、『マインドセット「やればできる！」の研究』と『オープニングマインド』を参照してください。

る一定時間の学習内容を要約することです。たとえ授業が途中であっても、まとめを行うことで次回の学習がよりスムーズになります。

決められた時間内に授業が終わらなかったとしても、次の授業のときに続きを行うため、自分の学びについて考えることがより重要となります。教師の計画よりも授業が長引いた場合のシナリオについて考えてみましょう。

授業に区切りがない場合

一日目　さて、どうやら時間切れのようです。明日、続きをやりましょう。

二日目　昨日、どこまでやったか思い出しましょう。今日は何を学ぶ必要があるでしょうか？　どれくらいの時間が必要だと思いますか？

授業に区切りがある場合

一日目　さて、どうやら時間切れのようです。今日は一旦中断して、学んだことを振り返ってから明日の計画を立てましょう。それを行うのに、どのくらいの時間が必要ですか？

二日目　昨日は、すべての目標を達成するために十分な時間がありませんで

教師が数分かけて今日の学習活動を振り返り、明日の計画を立てることで、間違いなく翌日の授業をより効率的なものにすることができるでしょう。

した。パートナーと、今日達成すべきことを一〇分間話し合いましょう。では、タイマーをスタートさせます。

区切りのある授業では、生徒が学習計画に参加し、自分たちの学習に対する責任を感じながら時間を管理し、目標設定を行います。そうなると、生徒は次の授業の準備をして登校することができます。また、生徒が自分の計画を実行に移すように促し、学習計画を達成するためにどのくらいの時間を割り当てればよいのかについて教師も把握できます。

一方、区切りのない授業をたとえるなら、紙飛行機を飛ばしている間に紙飛行機をつくる過程を考えているような、無計画の状態となります。そのような授業でも、教師が数分かけて翌日の計画を立てれば、間違いなく翌日の授業をより効率的なものにできます。

低学年のクラスでは、学習の振り返りを全員で行うとよいでしょう。クラスの学習計画を模造紙に記録できるようにしてください。それを翌日に使用すれば学習目標を思い出せますし、生産性のある授業にするための準備となります。

仮にすべての課題を終わらせなくても、意外と生徒は多くのことを学んでいるものです。ある高校の国語教師が、登場人物の人格形成について授業を行っていました。その授業は、前の単元で学んだ対句(ついく)を練習するための機会にしていました。教師は授業中に、自分が集めたノベルティのキーホルダーやキラキラのマニキュア、切手などの小物を生徒に配りました。グループに分かれた生徒たちが、これらの道具を使って登場人物のキャラクター設定を行い、その人物を表現する詩を「一三の対句」を使用しながら書いていきました。

時間が経つにつれ、生徒たちが詩を完成させるだけの時間がないのではないかと心配になり、完成させるための時間を翌日に確保しなければならないと教師は思いました。そこで教師は、詩を書くのを一旦中断させ、まとめとして、それぞれのアイテムをどのように使って複雑なキャラクター設定をしたのかについて生徒に説明してもらうことにしました。

授業後、私がこの教師と授業について振り返った際、教師は生徒たちがつくった詩を通して表現した人物の質と深さに感激していました。学習目標である「一三の対句」を完成させたグループはありませんでしたが、すべてのグループが教師の期待にこたえるだけでなく、それ以上の成果を上げていたのです。

生徒たちは課題を完成させられませんでしたが、目標に向かいながら学習成果を示したわけです。生徒にもっと対句の練習をさせる代わりに、彼らが創造した人物を発展させて、次の活動に移行するだけの準備が十分にできていました。教師は対句の詩を完成させようと思いましたが、その練習代わりに、彼らが詩を通して表現した登場人物のキャラクターに焦点を当てたまとめをしたのです。

あなたが明日にでもできること

授業を締めくくるうえで、もっとも難しいのはやはり時間の確保です。以下のような方法をとれば、たとえ最後に数分しかなくても「まとめ」ができるようになります。

まとめにおいて学習目標に再度注目させる

失敗しない授業の締めくくり方は、学習目標に再び焦点を当てることです。生徒に、目標達成に向けての進捗状況について意見を言ってもらいます。それには次のような選択肢があります。

・今日の学習目標の、どの部分が達成できたと思いますか?
・今日の学習目標を達成するためには、何を練習したり考えたりする必要がありますか?
・今日の学習目標を達成するために、どのくらいのサポートが必要でしたか?
・この学習目標は、ちょうどいい難しさでしたか? それとも難しすぎましたか? また、それはなぜですか?

これらの質問に対する回答を、紙に書いたり(出口チケット)、あとであなたが振り返られるように付箋に残したり、ジャーナルに記録したり、隣のパートナーと話し合ったり、教室を退出する際に口頭で伝えたりなど、学びの責任を生徒が果たせる方法で行うことができます。

教室でよく見かける生徒のジェスチャーといえば、授業内容を理解できていれば親指を立ててグッドサインを、理解しかけているのであれば親指を横に向ける、分からない場合は親指を下に向けるといった動作で教師に示している姿です。たしかに、この方法は何もしないよりはいいかもしれませんが、実際にはあまり学習を振り返らずにグッドサインを出す傾向があって、本当の理解度が測定できないのであまり信用できません。それに、一度に三〇人の親指を数秒で確認するというのは、いかに優秀な教師でも難しいでしょう。

用紙を回収したり、生徒同士が対話さえすれば、学習目標の達成に向けて生徒自身の進歩を振り返れます。小グループでの指導や学習の手助け、一人ひとりをいかす指導などに振り返りを利用する場合は、具体的な文章フォーマットを使用するようにしましょう。もし、記憶に頼って振り返ってしまうと、学習目標の達成状況について誤った解釈をしてしまう可能性があります。

まとめの前に作業道具を片づけさせる

学んだことの振り返りをすることで生徒の頭の中に記憶を残したいなら、まとめは授業の最後に行うべきです。そのため、生徒がすべての作業を終えてからまとめをするのが効果的といえます。生徒が教材などを片づけしたあとに授業の振り返りをすれば、よりその効果が上がります。教師が学習内容をまとめているときに生徒が教材を片づけている場合は集中できないでしょう。生徒の思考プロセスはすでに停止しており、次の課題に焦点を移すか、部屋を出ていくことしか考えていません。

整理整頓をして、授業の振り返りに思考プロセスを集中させる時間を設ければ、その価値が高まります。教師は、生徒の学ぶ準備が整うまで授業をはじめないこと、そして、生徒が集中していない状態で授業を終えることだけは絶対に避けるべきです。

タイマーを使う

目標を達成するための道具を使用し、その使い方を生徒に示すのは一石二鳥となります。時間というものは、生徒が管理するのに苦労する要素の一つです。タイマーを設定して、学習課題を適切に終了させるための時間を十分残します。これによって、授業の区切りとなる時間を守るだけでなく、生徒が課題や目標に向かってどのように進んでいるのかという感覚まで得られます。

時間を誰にでも見えるようにすることで、教師と生徒が一緒にいる貴重な時間のチェックができます。たとえ生徒が課題を完了していなくても、タイマーが授業の終了を知らせてくれますし、授業中に学んだこと、学べなかったことを振り返る時間への移行も可能となります。

ウォームアップとクールダウンを行う

運動する際には、筋肉を伸ばし、心拍数を徐々に上げて血流をよくするために、まずはウォーミングアップを行っています。ウォーミングアップは、パフォーマンスを向上させ、怪我をしないためにも重要です。そして、運動の終わりには、脈拍を正常な状態に戻そうと徐々にペースを落としていき、体を冷やしてから帰宅しています。

授業にも、この二つの要素を取り入れる必要があります。授業の締めくくりは学習のクールダウンだと考えてください。まとめの目的は、知識を定着させ、生徒が今後の授業や日常生活のなかで簡単に情報が取りだせるように知識を整理することとなります。

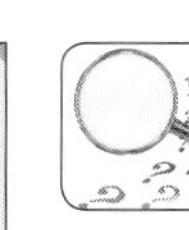

完全実施に向けての青写真

ステップ1　授業計画を作成し、時間を計算する

たしかに、それぞれの学習活動に要する時間を正確に予測するのは難しいわけですが、無計画に授業を進めることに比べればはるかにメリットがあります。どのように開始するかで授業の流れが決まりますし、授業の終わり方によって生徒が何を学んだのかが明確になります。

時間を計算する際には授業の構成要素を考えます。また、教材の配布、教室内での生徒の移動のほか、ある学習活動から別の学習活動に移行するための時間も必ず含めるようにします。

ステップ2 振り返りジャーナルをつける

振り返りを記録すれば、それをさらに有効活用することができます。ノートやフォルダーに記録しておけば、生徒自身の学習の進捗状況も確認できます。これには、以下に挙げる二つ利点があります。

まず、振り返りジャーナルを書いている生徒は、学習内容の関連性を整理されたノートなどで確認できます。時間をかけて知識が蓄積されていくなかで、どのようにしてA地点からB地点に到達したのかについて確認できるのです。もう一つは、生徒が学習の全体像をつかむのに役立つため、学習内容の詳細と大きなポイントをバランスよく習得できるようになります。

教師の手助けによって、学習内容のごく一部分を表面的に理解することがあります。それを生徒が振り返りジャーナルに書くことで、「深い学習ができた」と教師も生徒も誤解してしまいます。振り返りジャーナルの役割は、生徒が日々の学習ポイントをどれだけ深く捉えているかを示すものでなければなりません。

振り返りジャーナルを使って生徒が自らのマインドセットについて書くと、さらに効果的になるでしょう。苦労したことや我慢したことを記録し、あとで考えられるようにするのです。また、学ぶのが困難だった授業のことやその困難をどのように克服したのかについても書いてもらいましょう。振り返りジャーナルは、自分自身と学習を振り返ることを促し、授業の貴重な終着点となるだけでなく、中断した場合でも再開する地点を提供してくれます。

ステップ3　授業計画を逆さまに行う

振り返りの時間を確保するために、振り返りから逆さまに授業計画を立てましょう。学習目標を明確にしたあとに（それを実現するための指導計画を従来のように立ててしまうのではなく・訳者補記）、まず「まとめ」を考えます。それに、最低何分必要かを考えるのです。

たとえば、授業が九時五〇分に終わり、まとめに最低八分確保したい場合は、九時四二分がまとめに取りかかるタイミングとなります。その開始時刻を知っていれば、何を教えられるか、生徒が仲間と学んだことを共有するか、あるいは時間を費やす必要のある学習活動にどのように対処すればよいのかについて事前に判断できます。

授業の時間配分を振り返った際、まとめ以外の部分を短くしておけばよかった、と思う教師が多いものです。まとめの時間を「譲ることのできない時間」として最初に確保しておけば、ほかの部分を調整するなどして、授業の振り返りに当てる時間はつくれます。

ステップ4　句読点（まとめ）を周知させる

事前に、学習時間の句読点（まとめ）を生徒に周知させます。毎回の授業計画を生徒と共有すれば、学習の流れに関する全体像を生徒に伝えることができます。また、まとめを伝える視覚教材を掲示すれば、授業中のリマインダーとして使うことができます。もし、あなたがまとめを忘れてしまっても、気が利く生徒が教えてくれるはずです。

ステップ5　句読点のマークを使用する

簡単な質問で授業を締めくくりましょう。今日の学習にもっとも適した句読点は何でしょうか？　句読点についての説明を入れるのもいいかもしれません。次ページの**表3－2**は、自らの学習状況について、生徒が句読点を使って表す方法を示したものです。

課題を乗り越える

まとめの時間を確保することの障害は、哲学的というより論理的なものです。教師は常に時間を管理しています。何をするにしても時間を要し、時間はとても大切なため、いかに時間をセー

表３－２　学びの句読点の例

’	アポストロフィー	何か学びが足りていない。何がまだ学べていないかが分かる。
,	読点	今日の学習の一部は理解できた。私はまだ……を学ぶ必要がある。
…	省略記号	まだ学習の途中である。まだ、練習時間が必要だ。
!	感嘆符	学ぶことをとても楽しんでいる。理解でき、次に進む準備ができている。
?	疑問符	まだ質問がある。混乱している。
“ ”	引用符	誰かにこの学習単元について説明することができる。
.	句点	今日学ばないといけないことは理解できた。今日の学習課題は達成できた。
;	セミコロン	今日学んだことと関連する事柄とを結びつける方法が分かる。

ブするかがカギとなります。しかし同時に、教師は教育の使命を果たすことを心に留めておかなければなりません。

課題１　常に十分な時間がありません。

たしかに、そのとおりでしょう。だからこそ教師が時間を管理し、生徒の学びの時間を最大化させる必要があるのです。同じ五分間を費やす場合でも、生徒が学習活動に取り組み続けるよりも振り返りをしたほうがはるかにインパクトは大きいのです。

授業の最後に行う振り返りを省略すれば翌日は振り返りからはじめることになりますので、長い目で見れば二度手間になってしまいます。

課題2　生徒が積極的に取り組んでいるとき、まとめのために学習活動を中断させたくありません。

教師にとって、学びにワクワクしている生徒の様子を見るのはとても楽しいものです。彼らが学習活動に夢中になっているとき、それを止めるというのはやはり気が引けるものです。学習活動を完了させるよりも、学習活動の目的と生徒が学んでいることを結びつけるようにしてください。そうすれば、学校生活を有意義なものにするという大きな観点から学びを見ることができます。

まとめは、骨休めをする時間であると捉えてください。生徒がどのように知識を増やしていったのかを強調すれば、授業を最大限にいかすことができます。生徒に「分かった！」という経験をさせてあげれば、十分な学習効果が得られます。

課題3　翌日の授業の導入時に今日のまとめを使いたいです。

今日の復習を翌日の導入として使ってしまうと、導入と振り返りの役割を一緒にしてしまいます。昨日の復習を今日の導入として使っていないのであればまだ*まし*ですが、翌日の導入に今日のまとめを使うと授業の効果を低下させてしまいます。生徒たちは、間違った解釈で授業を終えたかもしれませんし、最悪の場合、学んだことがまったく身についていないかもしれません。

作文の教師に聞いてみれば分かることですが、結論と導入がまったく同じでないことは明らかです。教師の都合で、これらを一緒にするのはやめましょう。

実際にハックが行われている事例

私がこれまでに見学させてもらった授業のなかで印象的だったのは、バーブ・アギーレ先生が行っている国語の授業です。先生は六年生の授業を計画する際、生徒に学んでほしいことをとても明確にしていました。先生はこれまでの経験から、生徒たちが意見文から論文への移行に苦労することを知っていましたので、それに授業の焦点をあわせて、最終的な学習目標を生徒たちと共有していました。

「『ミシガン州のすべての学校が通年制にすべきか？』というテーマで論文を書きなさい。明確となっているあなた自身の主張から書きはじめ、その主張を裏づけるために、最低三つの支持文を加えなさい。そのうち一つは、文献からの引用をすること。また、段落の最後には、自分の主張を支持する効果的な要約を書きなさい」

アギーレ先生は、この論文の授業に取り組む前に、この課題を成し遂げるために必要となる一連の学習内容を明らかにしました。そして、毎日の授業目標をより明確にするために、学習の全体像を示すようにしました。こうすれば、あとに続く主張、証拠、信頼できる情報源に関する授業に関連性をもたせることができるからです。先生は、この挑戦的な作文の課題を通して、信頼性のある背景知識を構築するという学習目標をはっきり示したいと思っていました。

この単元を終えるまでに数日かかりましたが、アギーレ先生は最初の授業で説得力のある文章を書くための基礎について教えていました。授業の目的は、論文とその特徴を定義することでした。この授業は、生徒が知識を深めるよりも論文の全体像を理解するうえにおいて不可欠なものでした。

また先生は、生徒が理解したあと、説得力のある論文が書けるようにしたいと考えていました。生徒には、主張と証拠の間のつながりを深く理解してもらいたかったので、先生は定義の再確認だけでなく、学習の達成度を明らかにするようなまとめを行いたいとも思っていました。そのため、主張と証拠についての理解を絵で表すように、と指示しました。

アギーレ先生は、これまでの経験上、中学生になると主張することはできるが、事実に基づいた証拠でそれを裏づけるのは苦手だと感じていました。主張と証拠の二つの要素がどのように組み合わされているのかを考えてもらうため、振り返りでは用語を定義するだけでなく、生徒にアナロジー（類推）を考えさせるようにしました。**図3－3**は、主張と証拠をアナロジーで表現した写真の例です。

図３－３　主張と証拠をアナロジーで表現した写真

出典：Unsplashに掲載されたミゲル・アンドラーデの写真。

アギーレ先生は、生徒が主張と証拠についての理解を振り返る時間と、主張と証拠の関係性を示すために独自の絵や写真を作成する機会を設けました。スケッチを描く生徒もいれば、テクノロジーを使う生徒もいました。そして先生は、次の学習段階に進み、生徒がすぐに論文を書けるようにするために、まとめに八分を費やしました。この時間内に全員の生徒が熱心に課題に取り組んだのですが、この単元を理解するにおいて効果的なものとなりました。

まとめは短かったですが、全員の生徒が効果的な論文を書く方法を学び続けることを目的として自分の考えを視覚的に表現できたので、充実した授業になりました。

このハックに共感できない教師はいないでしょう。

チャイムが鳴る前に授業が終わることがほとんどないので、まとめの時間が足りない場合がよくありますし、それは仕方がないことだと思いがちです。学習時間に区切りをつけるというのは、割り当てられた時間を守ることであり、実際の終了時間を示すものではありません。効果的なまとめの時間を確保して、生産的な学習ができるようにしましょう。

チェックリストによって準備と整理整頓ができますので、親や教師は、習慣として生徒が心の中にチェックリストをつくるようになってほしいと思っているはずです。実際、私は毎晩、「あれには句点（終了の印）をつけよう」とか「このプロジェクトには読点（まだ続きがある印）をつけよう」、または「感嘆符をつけた仕事は明日にしよう」と自らの一日に句読点をつけて、翌日以降の学習活動の参考にしています。翌日の朝に目覚めたとき、今日中に達成しなければならないことを一(いち)から考えずにすむので、すぐに仕事に取りかかれます。

私たちは、日々の達成感をどのように味わうでしょうか？　その日の目標をすべて達成できなかったとしても、一日は終わってしまいます。成功を喜び、課題を考え、クラスでの目標を設定する時間がとれれば一日に区切りをつけることができます。そして、この区切りは、何日間、何週間、何か月間といった長い期間にわたって「習慣」となっていくのです。

会話のピンボール名人になる

生徒たちの会話が円滑になるようガイドする

多くの人は、理解するために聞こうとしない。
応答するために聞いている。

スティーブン・R・コヴィー
(Stephen Richards Covey, 1932～2012)
教育者、作家、実業家で、
『七つの習慣』の著者として有名です。

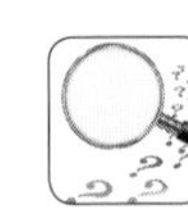

問題——教師と生徒との間で質問の卓球をしている

すべての生徒は、有能なコミュニケーターになるために協働作業のスキルを身につけなくてはなりません。アメリカの各州において、幼稚園の年長から一二年生（五歳から一八歳）の学習者は、話すことと聞くことに関して、ある一定の標準レベルに到達する必要があります。これらの話す・聞くスキルには、自分が聞いたことを吸収して理解する、よく精査する、明瞭・明確に考えを表現する、他者の考えを踏まえながら自分の考えを構築する、などが含まれます。これらのスキルがうまく実行されると相乗的な効果が生まれます。

逆に、これらのスキルが培われていないと、会話というものは教師と生徒にとっては拷問のようなものになってしまいます。教師が質問の中心にいたり、話し合いを維持したりする状況を、私は「会話の卓球」と呼んでいます。教師が話し合いの計画を立てずに授業をしてしまうと、価値のある学習活動というよりは、ラケットでピンポン球を打ちあうような質疑応答のセッションになってしまうでしょう。

多くの優秀な教師が、学習活動に話し合いを組み込み、意図的にリードしている様子を見てきました。しかし、結果的に彼らは、卓球トークを発展させるという間違いを犯していました。

このような過ちは、たいてい同じような形ではじまります。生徒のテクニックが不十分なために話し合いが滞ったとき、教師が話し合いに入ってリードしてしまいます。生徒の話し合いが単なるQ&A形式になってしまう理由は、教師が話し合いの方法を具体的に教えていなかったからです。そのため、会話はいずれ卓球のようなやり取りになってしまいます。

図4－1は、教師が生徒の会話にどのように携わっているかを示したものです。[1] 卓球のような会話では、生徒同士での意見交換はほとんどありませんし、理想的な話し合いというものはできません。一般的に、会話でのやり取りを一〇回すると、教師が一〇人の生徒と一度ずつ話しており、すべての会話に教師が加わっています。一方、残りの一五人～二〇

図4－1　卓球トーク

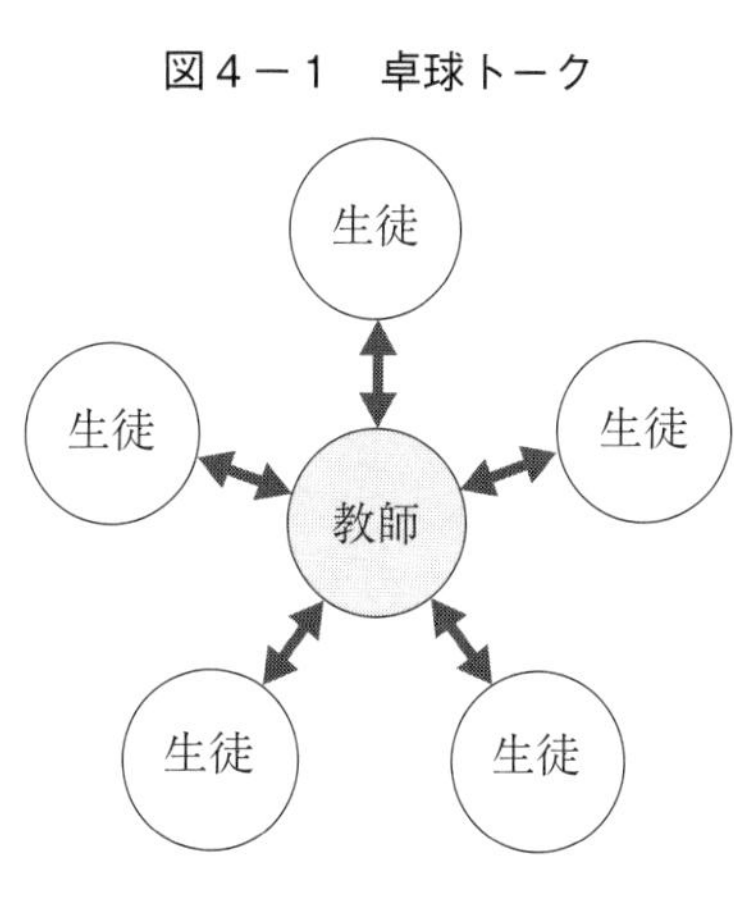

（1）　このようなやり取りを、専門的には「IRE」ないし「QRE」と言います。最初は教師の問かけないし投げかけ（Inquire ないしQuestion）ではじまり、生徒が反応し（Respond）、教師が評価する（Evaluate）というパターンです。詳しくは、『言葉を選ぶ、授業が変わる！』（とくに第6章）を参照してください。その本の著者も、「IRE」が繰り返し行われるのではなく、「IRRRRRR」になること、つまり卓球ゲームにならないようにと提唱しています。

人の生徒にはまったく会話をする機会がありません。

いうまでもなく、生徒は授業で教師がリードするような話し合いを見るだけとなりますので、コミュニケーション・スキルの向上は望めません。その様子は、まるでフリッパーなしでピンボール[2]を行っているようなものです。教師が会話を続けるために素早く質問を生徒に投げかけなければ、ピンボールが下の穴に落ちてしまう場合と同じく会話もストップしてしまいます。

卓球トークは、生徒の会話を成功させるための方法ではありません。教師は、ピンボールのように弾む話し合いに導かなければなりません。

ハック――ピンボール名人になる

従来のゲームセンターにあるピンボールは、卓球とは違ってボールが単に行ったり来たりするといった動きはしません。ボールはさまざまな場所へ跳ね返り、ゲーム中にランプがついたり、ブザーやベルが鳴ったりします。ゲーム盤にあるバンパーは、ボールを跳ね返し、ゲーム盤の上部に向かってボールを打ち返します。この動きは毎回異なっており、時々止まることもありますが、フリッパーにボールが当たれば再び跳ねあがります。

ゲーム盤内にあるすべての装置は、プレイヤーがポイントを獲得するための働きをしています。プランジャー(3)を微調整することで、ボールの行方をコントロールすることができます。ボーナスポイントを獲得すると、ポイントゲットの音楽が流れ、スコアが一気に上がります。すべてのプレイヤーは、違った戦略を活用すればポイントを得ることができます。このハックのテクニックを組み合わせて利用すれば、あなたもピンボール名人になれるでしょう。

ピンボール名人になれれば、教室における生徒同士の会話を最大化できます。ピンボールが動くような条件を取り入れることで、この目標が達成できるのです。つまり、教師が会話をリードするのではなく、生徒がお互いの考えや意見をピンボールのように会話するという環境です。

有意義な話し合いを通して、生徒が学習を強化するためのチャレンジをどのように受け入れているのかを観察してください。議論中の生徒の質問は、関連性、明確さ、つながりを育むほか、敬意をもって意見の相違を認めあうことを可能にします。彼らはさまざまなコミュニケーション・スキルを使って、豊かな話し合いを達成するのです。

それでは、教師はどのように話し合いを計画すればよいでしょうか？

（2）傾斜した盤面を転がる約一インチの銅鉄製のボールを落ちないようにフリッパーで跳ね返して、点数を競うゲームです。フリッパーとは、ゲーム盤の下部に設置されたバットのような部品です。

（3）ゲーム開始時にボールをプレイフィールドに送りだす装置のことです。

背景や予備知識を活用する

人は、すでにもっている背景知識が活用できるときは、問われたことに対してより考え抜いた回答をします。多くの教師や学校の関係者は、このような表面上の質問は避けるべきだという誤った考えをもっています。(4) しかし、テーマに関する一般的な情報がなければ、ディベートをしたり、意見を比較したり、評価したりすることはできません。

ピンボールの会話をダメにしてしまう要因は、いきなりハイレベルな質問の話し合いを行ってしまうことです。これについては、父との会話を思い出してしまいます。

私の父は非常に知的で、多くのテーマにおいて私より深い知識をもっていました。たとえば、私はパンを焼くことに関しては経験があるのでよく知っていますが、園芸用の土壌に関してはまったく知識がありません。ある日、父が園芸についての話を私にしてきたのですが、途中から専門的になって会話を続けることができませんでした。

実際、父との会話中、これ以上話し合いを進めることが困難な場面に何度も遭遇しました。私は父との話し合いのなかで、会話に入ったり、何も言えずに聞き手に回ったりと、グルグルと立場を変えなければなりませんでした。

一方、宿題の価値についての議論はどうでしょうか？　宿題に対する背景知識、経験と確立された考えのおかげで、私は話し合いに参加できますし、その話し合いで自分の考えを主張することもできます。このテーマなら、証拠、データ、欠点、そして研究結果が私の手元にあるので相手と共有できます。自分の意見を正当化し、それを裏づけることは明らかに刺激的な会話になります。そして、質問に満ちた話し合いとなるでしょう。(5)

父との会話のように、生徒にとって難しすぎる質問を行って、教師が期待する答えを求めるというのは現実的ではありません。難しい質問だからといって「よくない質問」とは言えませんが、教師は生徒が豊かな話し合いができるように授業を行う必要があります。

しかし、豊かな話し合いを行うまでには時間がかかるものです。経験や知識がないと真の答えが出せませんし、あっという間に会話が終わってしまうのです。結局、親が子どもにスプーンで授乳食を与えるように、教師が生徒に対して過度の手助けをしてしまうか、予想よりも低いレベ

(4)　翻訳協力者から「練習のお題で生徒に人気なのが『キノコの山とタケノコの里、あなたはどちらを推す!?』というものです。激論になります（笑）」というコメントがありました。テーマが身近なものだと生徒も興味が湧くのでしょう。

(5)　著者のコニー・ハミルトンは『宿題をハックする』の共著者でもあります！

生徒の思考プロセスや学習をサポートするような授業で使う語彙、関連する経験、および参考資料などがあれば、彼らはピンボールトーク（生徒同士の豊かな話し合い）のときに素晴らしい能力を発揮します。

ルの学習結果を生みだすという結論になってしまいます。

授業中に交わされるピンボールトークの失速を避けるために、生徒に十分な背景知識や一般的な経験を与えるようにしてください。生徒の思考プロセスや学習をサポートするような語彙、関連する経験、および参考資料などがあれば、彼らはピンボールトークのときに素晴らしい能力を発揮するのです。

能動的に聴くことを促す

聞くことに関しては評価することが難しいため、私たちはしばしば軽視してしまいます。いうまでもなく、聞くという行為は教師が授業中に話しているときに生徒が行うものです。多くの小学校の教室には、聞き上手になることを奨励するためのポスターがたくさん貼られています。

教育を受けはじめたときから生徒は、聞くときに目、耳、口、手、足をどのように動かすかについて学びます。しかし、それが脳とどのように関係しているのかについては学びません。したがって、すぐれた聞き手が何を考えているかについて明確な指導がされない場合、生徒は「静かにして、じっとしている」ことが聞くことだと解釈（錯覚？・訳者補記）してしまいます。そして、生徒は、よい聞き手になるためには、静かにじっと聞いている必要があると思い込んでしまうのです。

もちろん、これでは「能動的な聴き手」とはいえません。能動的な聴き手は、話し相手の考えや話の意図を明確にしたり、探（さぐ）りを入れたり、言い換えたりするものです。

私は、聞くことはコミュニケーション・スキルにおいて重要なことだと確信しています。ピンボールトークを行うためには、単に話し合いをするのではなく、話の内容に重点を置いているかどうかを確認しておきましょう。生徒にフィードバックを求め、彼らの回答を一緒に確認し、生徒がどれくらいよく聞いているのかを確認するために話し合いをリードしてください。

能動的な聴き手は、話し手のメッセージを理解したり、考えを結びつけたりすることを目的として話を聴いています。もし、話し合いを活発で目的のある効果的なものにしたいとあなたが思うのであれば、質の高いレベルで聴きあえる雰囲気をつくりましょう。

さまざまな視点から価値を見いだすことの大切さを強調する

議論とディベートは、非常に生産的な学習方法となります。自分とは異なる視点で考えるという行為は、そのテーマへの理解を深めるだけでなく、新しい考え方を探究するための扉を開くことにもなります。このような探究心が、生徒の成長意欲を育むことにつながります。逆に、一つの視点からのみ物事を見たり、自分の意見の正しさを追求するといった態度であれば、ほかの生徒に悪影響を及ぼすでしょう。そのような態度は、感情をエスカレートさせるだけでなく、相手とともに自分まで不快になってしまいます。

感情がメッセージを圧倒してしまうと、会話がうまくいかなくなり、非生産的な学習になります。会話をする目的は、生徒の考えが正しいかどうかを決めるのではなく、生徒自身の考えを広げることだと周知してください。そうすれば、生徒たちは防御的な姿勢を取らず、同意したり、お互いの意見を発展させるといった形で挑戦的なピンボールトークを続けるでしょう。

明確に考えを伝えるように言語能力を磨く

話し手と聞き手は、協力しながら対話をしなければなりません。なぜなら、授業での対話や会話においては、全員が深い話し合いをする必要があるからです。教室でピンボール名人なることを奨励するために、以下のヒントを参考にしながら、生徒と一緒にピンボールトークの達成を目指しましょう。

・声の調子を変えて、単調な会話を避ける。
・コミュニケーションを図るために、感情を加えたり、単語やフレーズを強調するためにスピードを上げたり遅くしたりして発話速度を調整する。
・対話中に適度に止まったり、意図的に沈黙したりして、聞き手が重要な点をつかんだり、話し手が言ったことに注意を向けられるようにする。

・文章構造に変化を与えて、聞き手が話し手のメッセージに耳を傾けるようにする。長い文を使用すると聞き手がなかなか理解できないからといって、短く、断片的な文章を頻繁に使ってしまうと単純に聞こえてしまうので注意が必要。

・音量に気をつける。話し手の声が聞き取れないと、ピンボールトークの状態がつくれない。また、話し手の声が小さすぎると聞き手の意識レベルが下がってしまう。

生徒が考えたり、会話の準備のために十分な時間を与えることも、言葉を使いこなす学習をサポートするための方法となります。計画したり、よく考えたりする機会があれば、生徒は相手に伝えるべきことが決められますし、簡単に理解できる方法でそれを伝えようと工夫します。

やり取りのなかでの大事な合図に気づき、それに対応する

有能な意思伝達者になるためには、どのようにして言葉を届ける必要があるでしょうか。これについて策を練ることが重要です。

会話が途切れないようにするために、聞き手が話し手の思考プロセスをどのように受け取っているのかについて意識しましょう。話し手は、自分の考えや主張を繰り返したり、明確にしたり、聞き手の理解度を確認するために、聞き手が出している合図に注意を払います。すぐれた話し手

図4－2　ピンボールトーク

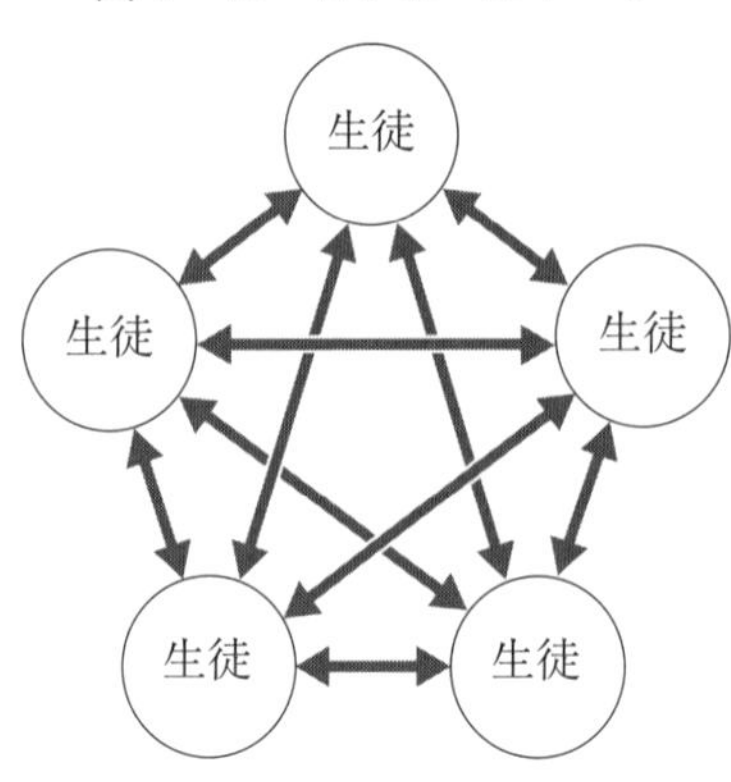

は、聞き手の頭の揺れ、アイコンタクトの喪失、唇の締めつけ具合、ため息、そして顔の表情を観察しながら自分の話を調整していくものです。

生徒がこれらの合図に意識を向ければ、ピンボールトークをしている間にそれらのヒントが理解できるようになります。**図4－2**は、ピンボールトークを視覚的に表したものです。ピンボールのような活発な話し合いができるように、生徒に会話の指揮権を与えてください（八七ページの**図4－1**において、中央で話し合いを仕切っていた教師の姿は消えています！）。

あなたが明日にでもできること

私たち教師は常に話したり聞いたりという行為を繰り返していますので、話し合いを卓球からピンボールにするためのスキルを身につけるといったチャンスが数多く存在しています。

「よい聴衆」と「能動的な聴き手」を区別する

教室で聞くスキルを扱う場合、教えているスキルが「協働」と「生産的な話し方や聴き方」を育むものであるかどうかについて確認しましょう。

聞き手が熱心に聞き入るようになるためのガイドラインを設定します。「よい聴き手は、じっと静かに聞いている」と教えると、生徒は「よく聴く」ということに対してさまざまな解釈をもつようになります。たしかに、よい聴衆は静かですが、能動的な聴き手は励ましの言葉をかけたり、明確にするため質問をしたり、話し手の言葉に基づいて話を組み立てたりします。話し手がプレゼンテーションをしているときは、「そこにいる全員が聴衆である」と伝えてください。

話し手が順番に対話をしているとき、ほかの生徒が能動的に聴くことを促してください。プレゼンテーションには必ず聴衆がいるのです。協働的な会話には能動的な聴き手が必要です。とはいえ、グループ活動をしているとき、生徒に「よい聴衆になるように」と促すと対話の妨げになる場合があります。能動的な聴き手もよい聴衆も、話し手の気が散るようなジェスチャーを避けたり、フィードバックを考えたりしますが、それとは違う面もあるのです。ピンボールトークを行うためには、単に話し手のプレゼンテーションを聴き入るだけではなく、能動的な聴き手になる必要があります。

スクエアアップを使用する

これは、聞き手を話し手に注目させる効果的な方法です。「スクエアアップ」とは、聴衆の肩が話し手に対峙している状況を意味します。話し手の方向に自分の肩を向ければ、聴衆は自然と話し手を見ることになります。聴衆が仲間や周囲、またはほかの作業に気を取られているときでも、こうすれば話し手に注目できます。

正確な言い換えをモデルで示す

教室でピンポールトークを実現するために、正確さをとくに強調します。一日を通して生徒は、明確なメッセージを伝える能力を自然に練習します。一方、教師は、自分の期待している言葉を生徒に言ってほしいために、生徒の意見を言い換えてしまうことがよくあります。

生徒の発言に対して、正確な語彙を挿入したり、アイディアを詳しく説明する代わりに、生徒が実際に言った言葉を教師が繰り返すのです。「私が思うに、あなたが言いたかったのは……」というように、手がかりになることも教えてあげましょう。そうすれば生徒は、自分が言いたいことを言葉にするためのきっかけにするでしょう。

回答の一部が不明瞭で詳細な説明が必要とされる場合は、あなたが答えを提供するのではなく、生徒に説明を求めましょう。これを繰り返せば、相手に理解してもらうためにはどのような質問がよいのかが分かるようになります。

周りが出している合図を解釈する

自分には明らかなことでも、ほかの人には見過ごされている場合があるものです。部屋を見回して気づいたことを声にすれば、生徒が話し手に送っているメッセージに注意を向けられます。これらのメッセージは、生徒の話し合いによい影響を与えます。

よい教師とされる人は、無意識のうちにこれらの合図を観察しています。合図に気づくためには特別な集中力と注意力が必要かもしれません。話し合いの最中に観察力を身につけることは、生徒にとってもとても大切なのです。教師が聞き手の反応やメッセージをすべての生徒と共有するときには、以下のフレーズを使ってみてください。

- 混乱している人がいるようですね。
- あなたたちの顔は、私の言ったことをはっきり理解していない状態を表していますね。
- ひそひそ話が聞こえるのですが、何か言いたいことがあるのですか?
- あなたたちは、話し合いをする準備がすでにできているようですね。
- あなたは、何か別のことに気を取られていませんか?

教師が生徒の反応を共有したら、その観察内容が、話し手であるあなたの考えにどのような影響を与えたのかについて追究してください。

・私の言ったことが分からないといった表情を浮かべていますね。では、別の言い方でもう一度話します。

・ひそひそと話をしているようですが、何か言いたいことがあるのですか？　話を進める前に、パートナーとともに自分の考えを順番に共有してください。

ＡＢＣフレーズからはじめる

ピンポールトークができるように、基本的な会話をつなげる三つのフレーズからはじめましょう。

小学四年生を担当するケイト・バジンスキー先生は、生徒たちに「ＡＢＣフレーズ」を使うように合図して、話が教師に戻ってきてしまう卓球のような会話を避けるようにしています。

・**同意**（A gree）——私は同意します。なぜなら、○○○だからです。

・**追加**（B uild）——あなたの意見に○○○を加えさせてください。

・**異論**（C hallenge）——私は、あなたの○○○という考えに異議があります。

ソーシャルスキルの目標を伝える

学習目標がない授業計画はめったにありません。授業中、生徒が特定のソーシャルスキルの目標を達成するように心がけてください。話すスキルと聞くスキルを強調するというのは明らかに理にかなっていますが、協働することも含めて、ソーシャルスキルを教える必要があります。ソーシャルスキルの目標を達成するために、以下のことに気をつけましょう。

・生徒が話す時間を均等化する。
・すべての考えを出すようにする。
・ほかの人と意見を共有するように促す。
・生産的な話し合いをする／個人的すぎるコメントは避ける。
・生徒全員の理解度をチェックする。
・意見の食い違いがあったときの、判断の仕方を決める。
・質問をすることで意見や考えを探る。(6)
・オープンエンドの質問をする。

注意！

「ライリーのコメントに対して同意、追加、異論がある人はいませんか？」と生徒に問いかけてしまうと、会話をピンボールから卓球に変えてしまうことになります。その代わりに、ポスター（92ページ参照）のような視覚教材を使って、無言の合図を送るようにしてください。

・自分の考えを裏づける証拠を提供する。
・会話のなかで、授業で使う語彙を応用する。

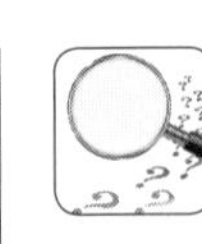

完全実施に向けての青写真

ステップ1　話すスキルと聞くスキルに関する、幼稚園年長組から一二年生までの全体像を把握する

アメリカの各州共通基礎スタンダード(7)には、次のような記載があります。

「生徒は、多様なパートナーとのさまざまな会話や協働作業が効果的にできるように準備し、ほかの人の考えも踏まえて、自分の考えを明確かつ説得力のある形で表現できる」

これは、すべての学年レベルにおいて、細分化された形で提示されています。生徒は、この包括的な目標に向かって、学習活動のなかでこのためのスキルと方法を磨いていきます。多くの教師は、各学年レベルの基準がどのように積みあがっているのかを確認するなかで、この目標はとても啓発的であると感じています。

この基準を知ることで、生徒がすでに到達していなければならない目標や、新しい学習内容について教師は確認することができます。このように生徒の到達目標を明確にすれば、生徒がすでに学習した知識を深めるべきなのか、それとも新しい教材を導入するべきなのかについても判断ができます。

ステップ2　各学年に期待されている知識やスキルの学習基準と生徒の学習習熟度を比較して、ギャップを見つける

州の学習基準[(8)]を明確に把握したら、生徒の行動を観察します。各学年の学習基準と協働的な環境で使用されるピンボールトークの基準とを比較します。観察した結果を分析するために、以下の質問・分析の観点を参考にしてください。

・生徒はどのように対話をしていますか？

・ピンボールトークがうまくいった共通点は何でしょうか？　生産性の低い会話にはどのようなパターンがあるでしょうか？

（6）「はい」か「いいえ」ないし短い言葉で答えられるクローズドな（閉じた）質問ではなく、長い説明を要する開いた質問のことです。

（7）（Common Core State Standards）幼稚園年長組から一二年生までの英語（読み・書き）と算数における教育基準です。州教育長協議会と全米州知事会が調整役になって作成されました。

（8）日本には、文部科学省が出している「学習指導要領」しかありません。

・生徒の成長が必要な分野なのに、いつも教師が誘導していませんか？　もしそうであれば、客観的に判断し、授業の進め方を変更しましょう。

・教師中心から生徒中心の話し合いになっていく過程で、生徒はピンボールトークを生みだすためのコミュニケーション・スキルを使っていますか？

・生徒は、どのようなスキル（話すスキル、聞くスキル、ソーシャルスキル）を自然に使っていますか？　また、どのようなスキルが不足していますか？

これらの質問に答えることで、解決しなければならない問題が浮かびあがってきます。それらに優先順位をつけてください。たとえば、あなたが発見した問題として、生徒が能動的に聴けなかったとしましょう。時間をかけて能動的に聴くことを教えて、授業で生徒に練習をしてもらいます。そうすれば、生徒はそのスキルをピンボールトークにいかすことが

基準のなかに記載されている単語は、学年ごとに意味が変化している場合があるため、同じ単語が記載されていても同じ意味だと思い込まないでください。基準の作成者は、意図的に、それぞれの言葉に明確な意味をもたせています。それぞれにどのような特徴があるのか、解釈する必要があります。

できます。

ステップ3　言い換えることを習慣にする

コミュニケーションのサイクルは、聞くことと話すことの両方で構成されています。しかし、ほとんどの生徒は話すことに集中してしまいます。聞いたことを言い換えながら要約するように、と教えることにはいくつかのメリットがあります。

一つ目として、聞き手が実際に聞いていると確認できますし、話し手が次に話す内容をただ待っているだけではないことが分かります。

二つ目として、聞き手が聞いた内容を正確に確認することができます。話し手の発言を聞き手が要約すると、話し手の発言と聞き手が受け取った内容とのギャップが明確になりますし、意図したとおりにメッセージが伝わったかどうかを確認する機会ともなります。

以下に挙げる三つの
模範的ではない言い換えに
注意しましょう。

①言い換えが発言内容よりも
長くなる場合。
②聞き手が頻繁に言い換える場合。
③オウム返しをしているだけで、
言い換えていない場合。

三つ目として、言い換えることによって会話の話題が維持できます。言い換えによって、話題から外れた話をせずにすむということです。

言い換えの最後のメリットは、話し手が聞き手に興味を示すことになり、会話が続きやすくなります。

このように、言い換えることによって生徒は相手の言った内容に集中するようになり、話し合いをピンボールトークへと導けるのです。

ステップ4 生徒が協働的な学習を行えるような方法を慎重に選択しましょう

生徒が協働的な学習活動を行う際に使える方法があります。生産的なグループワークができる方法もあれば、教師が余計な指導をしなければならないものもあります。さまざまな基準に基づいて、あなたが使う方法を選択してください。

もっとも重要な点は、教科の学習目標に関連する課題を提供することです。学習の成果を倍増させるために、学習中に必要とされるソーシャルスキルを構築する方法を選択しましょう。まず、**表4-3**を参照し、取り組むべきソーシャルスキルを整理してください。選択すべき方法にはどのような特徴があるのか、さらに、その改善策を示していますので参考にしてください。

表4－3　生徒が抱える問題に対応したさまざまな方法

問題	方法の特徴	改善案
一人の生徒が会話を独占している	・静かに行うルーティーン ・時間制限つきのローテーション	・マーカートーク(＊1) ・ファイナル・ワード(＊2)
じっくり考えずに答えている	・構造化された質問	・互いに教えあう(＊3)
何人かの生徒が話に均等に参加できていない	・各メンバーの責任を明確にしたうえでの協働学習（ただ乗りするメンバーを排除する方法）	・ジグソー・クラスルーム(＊4) ・円卓討論(＊5)
かぎられた視点からしか考えていない	・ブレインストーミング	・ギブ・ワン・ゲット・ワン(＊6) ・スピード・デイティング(＊7)

（＊1）182ページを参照してください。

（＊2）この活動では、授業の重要なポイントを強調し、複数の視点から意見を述べることができます。各グループのメンバーは、文章から三つ共有したい文を選びます。各生徒は個人的に、自分が選んだ引用文について考え、振り返ります。1から3の優先順位をつけます。キーポイント、もっとも共感を得られたもの、もっともハッとさせられたものなど、さまざまな基準で優先順位がつけれます。一人の生徒が共有する引用を説明なしに伝え、ほかの生徒はその引用について議論します。最初の生徒はその会話をただ聞きます。タイマーをセットし、時間になったら、最初の生徒がそれを選んだ理由を発表し、ほかの生徒の発言に対してフィードバックします。すべての生徒が自分の引用についてのファイナル・ワードを言うまで繰り返します。

（＊3）268～270ページを参照してください。

（＊4）178～181ページを参照してください。

（＊5）181ページを参照してください。

（＊6）生徒がグループメンバーの情報を収集し、それを使って自分自身で学習していく学習活動です。生徒は、歩き回ってパートナーを見つけ、各パートナーは自分のリストに書かれた情報を共有します。たとえば、パートナーＡは、パートナーＢが自分のリストにないものを聞くまで、自分の回答を相手と共有します。必要な情報を「ゲット」したら、役割を交代します。

（＊7）生徒同士の一対一の意見交換の活動です。与えられたテーマについて、短い間、他の生徒と向きあって座り、互いの意見を交換します。時間が来たら素早くパートナーを代え、話し合いをスタートさせます。

ステップ5 データを収集し、協働的に行った会話のフィードバックを生徒と共有する

教師は、魔法を使って生徒をピンボール名人にすることはできません。生徒自身が、ピンボール名人になるためにはどうしたらよいのか、練習をしながら教師や仲間からのフィードバックを活用していく必要があります。

生徒たちが一緒に作業する際には、ピンボールトークをするために必要なソーシャルスキルの使われ方を観察してください。まず、内容についてのフィードバックを提供するか、その代わりに、チームワークについてのフィードバックを行うことで授業に区切りをつけます。その次は、彼らの考えを聞き、自分が書いたメモと比較してみましょう。あなたの観察結果と生徒の考えの整合性をチェックすれば、彼らがコミュニケーション・スキルをどのように使用していたのかについて確認できます。

目標としていたソーシャルスキルの使用についても、個々の生徒にフィードバックを提供してください。次のグループ活動に移る前に、グループの生産性を高めるためにはどうすればよいのかについて生徒と確認するようにしてください。受け取ったフィードバックを利用して生徒が目標を設定し、どの程度まで達成できたのかを確認するように促します。このようにして、一人ひとりの生徒とソーシャルスキルの達成状況を確認すれば、徐々に学びを生徒のものにすることができます。

課題を乗り越える

卓球のような会話は教師の負担になりますが、一方の生徒たちは、身体的、精神的にリラックスしてしまいます。(9)以下において、生徒の会話の妨げになりうる状況とそれらへの対処法を挙げておきます。

課題1　教師が明確に話すようにと言っても、生徒はどうすればいいか分かりません。

この課題への対処法は二つあります。一つ目は、「ハック2『分かりません』とは言わせない——生徒に自立的に考えるバトンを持たせ続ける」を参照してください。生徒が分からないといった様子を見せているときは、本当に分からないのか、もしくは別の理由で応答していないのかを見極めることが重要となります。生徒が不完全な回答をしたり、意見を明確にするのに苦労しているときは、ピンボールトークのやり方をモデルで示す絶好の機会となります。

---

(9)　卓球トークの場合、**図4-1**（八七ページ）で見たように教師だけが忙しく、生徒はほとんど見ているだけだからです。

二つ目として、「あなたが明日にでもできること」で説明した「ＡＢＣフレーズ」（一〇〇ページ参照）を試してみてください。生徒の回答にあなたの意見を付け加えるときは、「私が思うにあなたが言いたいことは……です」といった言い換えをしないようにしてください。

仲間や教師とともに探究し、学ぶ文化を確立するために、誰かのアイディアに付け加えるといったことがよくあります。この機会に、次の定型文を参考にしながら、他人の意見に自分の考えを加えるときに使える効果的な文章を自分でつくってみましょう。

「〇〇さんが言っていたことに付け加えたいと思います」

課題２　生徒が自分の担当学年（高学年）になるころには、協働する力が自然と身についています。

協働する能力を高めることに終着点はありません。大人になってもスキルを研ぎ澄まし、他者と協力して仕事をする能力を高めていく必要があります。コミュニケーションの習得時期に上限があるというのは誤った考え方です。ある特定のスキルで生徒がつまずいている場合、教師は追いつけるように適切な指導を行います。

教師が「去年、気をつけるべきだった」と後悔をしても、それは生徒に対する正当な言い訳になりませんし、あなたのクラスにおける効果的な協働学習を助けることにもなりません。

課題３　生徒同士の話し合いの間、クラス全員の注意を保ち続けるのが難しいです。

生徒同士の会話が弾んでいない理由を「学級経営の問題である」と教師が考えていると、このように考えてしまうでしょう。少人数の学習グループは、まさにこのような理由から存在します。メンバーが少ないチームは、平等に意見を出しあい、合意形成の機会をより多くもつことができます。長時間の会話にするために、会話に費やす時間をたくさん設けるというのも一つの方法となります。最初は数分からはじめ、徐々に時間を長くしていきましょう。

課題４　挙手制にしないと、話し合いのときに生徒が一斉に発言してしまいます。

幼少期に、話し合いには順番があることを学びます。意見を言う前に静かに相手の話を聞くというスキルがあるかどうかについては、これまでの人生における経験が影響してきます。たとえば、昼食のときに自分の言いたいことを一方的に話している生徒であれば、仲間から「静かにして！」と言われた経験があるでしょう。

複数の生徒が一度に話しはじめたら、ゆっくりと口を挟むようにします。そうすれば、生徒たちはピンボールトークを続けることができます。問題に注意を向けるように促すことは、彼らが能動的な聴き方を行うよい機会となります。

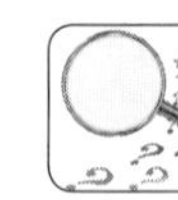

実際にハックが行われている事例

ある年の九月初旬、六年生の担任であるエリザベス・ブラウネル先生が、私と同僚たちを教室に招いてくれました。学年がはじまって日が浅い状況において、先生は自分のクラスの到達目標を考えていました。私たちは、先生が会話指導をしている状況を観察するために来たのです。

ブラウネル先生は英語を教えています。英語学習者の多い先生のクラスでは、「ターン・アンド・アスク」(10)や「個別－ペアー－クラス」(11)が頻繁に使用されています。先生は、話すスキルと聞くスキルを教えることの重要性をふまえており、それを念頭に置いています。友だちと話すことが好きな中学生ですが、学習場面での話し方を教えないかぎり、授業での対話のテーマは自分や身の周りの出来事に限定されてしまうことが多いものです。

今回の授業では、聴くことに焦点を当てた観察を行いました。授業は、人気のあるTVドラマ『ビッグバン★セオリー　ギークなボクらの恋愛法則』(12)のビデオクリップからはじまりました。ビデオクリップのシーンでは、シェルドンとエイミーが夕食を食べています。シェルドンは、エイミーにさまざまなゲームシステムについて話しています。エイミーは彼に、「バターをわたしてほしい」(13)と言います。シェルドンはビデオゲームの話を続けますが、その話を聞いていないエイミーを非難しています。その後、エイミーはシェルドンの話を聞くと約束します。

ビデオは二分弱の長さで、生徒たちには、一回目は話の要点をつかむために、二回目はビデオの具体的な意図を探すために見せました。ブラウネル先生は、二回目の視聴まで指導を目的とした質問を意図的にしませんでした。最初にビデオを見せたあと、「シェルドンとエイミーのどちらがより良い聞き手ですか？」と先生は尋ねましたが、生徒たちは少し間を置いてから、一斉に「エイミー」と答えました。先生の質問はシンプルなものですが、これは、生徒たちがシェルドンとエイミーの会話をしっかり聴いているのかどうかを確認するために大切なことなのです。

その後、ブラウネル先生は、ボード上に「エイミーがよい聴き手であることを示す証拠は何ですか？」という質問を示し、ビデオクリップを再生する前にその質問を繰り返しました。先生は、生徒がビデオクリップを見ながら、ボード上でその質問の確認ができるようにしました。

(10)　英語を第二ないし第三外国語として学んでいる生徒たちのことです。
(11)　パートナーが交互に話し合う学習活動（turn-and-talk）のバリエーションです。詳しくは、一八四ページを参照してください。
(12)　九ページの注（3）を参照してください。
(13)　（The Big Bang Theory）アメリカのテレビドラマシリーズで、ＣＢＳで二〇〇七年から二〇一九年まで放送されていました。

ほかのレッスンで先生は、「パートナーに質問を繰り返すように」といった指示を出しました。これは、問われている質問の答えをビデオクリップから探させるために行わせたものです。こうすれば、授業の目的を強調し、学習目標に関係のないコメントを減らすことができます。

生徒たちは、能動的な聴き手の特徴についてリストアップをはじめました。このレッスンの応用課題では、ブラウネル先生が教えていた主なスキルである「言い換え」を練習するための機会を生徒たちはたくさん得ることができました。

年度初めの九月にもかかわらず、生徒たちがすぐれた言い換えができるようにと、授業中の時間を費やしたわけです。これが、今後の学習目標を考えるうえで参考になると思ったからです。これ以降も、生徒中心の話し合いがもっとできるように、「言い換え」の能力を高める学習活動を取り入れていました。

季節がめぐり、学年の終わりとなる春になりました。ブラウネル先生の教室では、すっかり「言い換え」が定着していました。生徒がお互いに同意したり、反対したりする際、まず相手の内容を言い換えています。ここで、そのいくつかを紹介しましょう。

・あなたが言った（言い換え）ことを聞いて、思い出したのは……です。
・あなたのコメント（言い換え）を聞いて、また別の疑問が湧いてきました。
・あなたが言った（言い換え）ことですが、私には少し曖昧でした。それについて説明してもらえませんか？

・あなたが言ったこと（言い換え）に同意します。

・あなたの指摘（言い換え）は私の考えと矛盾しています。なぜなら、……だからです。

ブラウネル先生の生徒たちは、単に「言い換え」の方法を学んだわけではありません。話し合いのための質問を効果的に準備し、お互いの主張に対して、敬意をもってやり取りができるようになりました。先生の生徒たちは、教師と行う卓球のような会話が減り、お互いにピンボールトークのような話し合いができるようになったのです。

子どもたちの会話の質が低下している現状を、テクノロジーやソーシャルメディアのせいにする人もいます。たしかに、メールやテキストを介したコミュニケーションが多く、トーン（調子）、文章、感情の解釈について、受け手に委ねられているのは事実です。また、今日的な話し方も言語的なコミュニケーションの質に影響を与えているのかもしれません。しかし、生徒がお互いに対話をはじめ、維持し、広げていく能力は、学業において優先すべき事項であるだけでなく、人生と密接に関係しています。

この問題を解決するための一つのアプローチは、「ハック1　質問に対して、全員の手が挙がると想定する」の実行です。「ハック1」に記載されている方法はエンゲージメント（取り組み）の問題に対処することを目的としていましたが、「ハック4」では、コミュニケーションの問題に対処することを目的としました。

持ち運びができるホワイトボードや出口チケットを使って、授業に参加できるように生徒を促すことはたしかに可能です。しかし、そうすると生徒は、学習内容を理解しようとするために授業を聞くだけとなり、コミュニケーション・スキルを発達させたり、磨いたりする機会がほとんど得られません。

卓球のような会話ではなく、ピンボールトークのアプローチに沿ったものになるように心がけましょう。生徒の話すスキルと聞くスキルを磨くために時間をかければかけるほど、生徒はよりすぐれたコミュニケーター（意思疎通のできる人）になり、教室ではより多くのピンボールトークが生まれるはずです。

企業の経営者は、有能なコミュニケーション能力や協働的な思考力をもち、チームに貢献できる人材を求めています。これらのスキルは、生徒が成長していく過程において役立つ真のライフスキルなのです。

壊れたレコードを何度も再生する

学習の焦点を維持するための質問を繰り返す

どんなアイディアや計画、あるいは目的も、
繰り返し考えることによって心に定着する。

ナポレオン・ヒル（Napoleon Hill, 1883〜1970）
アメリカの著述家で、『思考は現実化する』
などが邦訳されています。

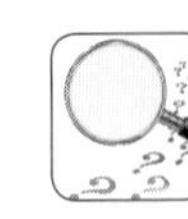

問題——計画されていない質問が多すぎる

多くの教師が一時間に平均五〇～一〇〇の質問をします。どの学年、どの教科でも、教師はこれぐらいの質問を授業中に行っています。しかし、ほとんどの教師は、一〇～二〇ぐらいの質問しかしていないと思っており、これほどまで多くの質問をしていることを自覚していません。ある教師は、「一二四もの質問を生徒にしていた」と言われたとき、信じられないような素振りを見せていました。

このような大きな認識のズレが私に教えてくれたことは、教師の多くが質問することについて深く考えていないという事実です。彼らの多くは、何を尋ねたかはもちろんのこと、自分が質問したことすら覚えていないのです。

一方、それだけ多くの質問を事前に計画することは理不尽であるとも思えます。したがって、ほとんどの教師は事前に質問を考える時間を取らず、授業の「流れ」のなかで質問を（あまり考えずに）繰り返しています。しかし、「流れ」のなかで質問を行うと、とくに一斉指導のときなどには以下のような問題が発生します。

・的を射ていない質問をしてしまう。

・生徒に答えるチャンスを与えることなく、教師が質問内容の言い換えを続ける。
・不十分な説明で混乱を招くような質問をする。
・一部分だけについての質問をする。
・教師が自分で質問に答えてしまう。

多くの教師が質問した回数を自覚していないという事実は、質問が生徒の思考プロセスにどのような影響を与えるのかについて気づいていないということの照明になります。

学校のある日に、五〇〇以上の質問が飛び交っている状況を想像してみてください。授業中に発せられる多くの質問から、生徒は大切な質問をどのようにして見極めるのでしょうか？　教師からすれば、「すべての質問は重要だ」と言うでしょう。もちろん、ある意味ではすべての質問は重要です。

しかし、特定の質問に教師が価値を与えない場合、すべての質問が大切であると生徒は認識してしまいます。いうまでもなく、それは間違った認識です。ある質問は授業に深く関連しているかもしれませんが、なかにはそうでないものもあります。また、授業の目標を達成させるためのヒントを与えてくれる質問もあれば、まったく無関係なものもあるのです。

教師が授業の目標を見失ったうえに、生徒の興味を無意識のうちに優先してしまうと、授業の目標とのギャップが大きくなってしまいます。また、授業の目標とあまり関係ない質問が次から次へと出てきて、授業に**まとまり**がなくなります。教師自身が気づいたころには、質問が授業の目標とかけ離れていて、どうしてそんなところにたどりついてしまったのかさえ覚えていないことがあります。

ここで強調しておきたいことは、教師が意図しないうちに、元々の授業計画からかけ離れた授業になっているという問題です。時には、さまざまな理由から計画していた授業が意図的に元の授業計画から離れていくこともあるでしょう。しかし、教師が指導を行ったうえでさえあれば賢明な判断だといえます。

あってはならないのは、意図的に計画しなかったために、授業の終わりに目標からそれていることに驚く状態です。意図的に計画された授業でなければ生徒は混乱してしまい、学校では何も学ばなかったと感じてしまいます。

教師（そして、もちろん生徒も）が質問の数に圧倒されたり、質問をコントロールすることができなくなったりする状態を避けるために、どのような質問をすればよいのかについて意識的に考え、授業をデザインする必要があります。

ハック――壊れたレコードを何度も再生する

効果的に質問を行うためにはどうすればよいでしょうか。ご心配なく、一〇〇個の質問を事前に書きだして、それらを順番に生徒に尋ねるといった方法ではありません。実際、解決策はもっとシンプルなもので、取り組みやすいものです。

見出しにあるように「壊れたレコードを何度も再生する」というのは、いくつかの重要な質問を事前に考えておくということです。これらの質問は、生徒の学習状況に関するデータと学習目標を明確なものにします。授業のなかで、その核となる質問を何度か多面的に再確認してください。重要な質問に戻ることは、壊れたレコードの再生を意味しています。

授業には変化する要素があまりにも多くありますので、すべての質問を事前に計画するのは不可能ですし、明らかに非合理的といえます。より合理的なのは、どのような質問を計画する必要があるのかを決定し、それらを「壊れたレコード」の質問として授業で頻繁に使うことです。

どの質問が学習目標の達成において必要なのか、また生徒の学習を評価できる質問なのかを判断し、授業中に繰り返しその質問に戻ってください。これにはいくつかの目的があります。その一つは、教師と生徒を学習目標から遠ざけないようにすることです。生徒が好奇心をもつことに反対しているわけではありません。もちろん、教師は生徒の好奇心を尊重すべきです。しかし、その好奇心が理由で学習目標から遠ざかってしまい、授業そのものが失われてしまうようではいけません。

壊れたレコードを再生することは学習目標の強化につながります。たしかに、授業計画にはない学習機会がよくありますが、それらは付加的なものであり、授業の目的そのものではありません。壊れたレコードを再生することには、生徒に学習目標を思い出させるという機能を果たすほか、教師が学習目標から外れた場合でも元のところに戻してくれるというメリットがあります。

ジェニファー・A・コラード先生が教える小学二年生の教室では、生徒たちは観察しながら、あるモノを各カテゴリーに分類する方法を学んでいました。先生はまず、息子の（きれいな）靴下の山を使って、この概念をモデル化することからはじめました。「フォーカス・レッスン」[(1)]では、協働学習の時間に生徒たちが（繰り返し）聞くことになる質問をあらかじめ準備していました。先生は、観察そのものと観察から学習したいことを結びつけるために、次の二つの「壊れたレコード」の質問を選びました。

・観察を通して気づいたことは何ですか？
・靴下をカテゴリーに分類するために、観察から分かったことをどのように使いますか？

授業中、この二つのカギとなる質問に戻ってこれるように心がけたことで、教師の期待どおり、生徒たちは学ぶべき内容について意識できるようになりました。

あなたが明日にでもできること

「壊れたレコード」の質問を使う際、同じ質問を同じトーンで繰り返してしまうと聞いている側が退屈します。授業の明快さと多様性を保つために、次のような方法を試してください。

学習目標を質問に変える

この方法は、本書のなかでもっとも簡単なものかもしれません。学習目標を、生徒の脳を刺激するような質問の形に変えるのはとても簡単です。次ページの**表５－１**は、教師がどのようにして学習目標を「壊れたレコード」の質問に変えたかを示したものです。具体的な質問をすること以外に、生徒が学習目標に着目できる効果的な方法とはどのようなものでしょうか。

（１）フォーカス・レッスンないしミニ・レッスンについては、ⅴページの注（３）を参照してください。

表5－1　学習目標を「壊れたレコード」の質問に変えた例

学習目標	質問
社会：政府における三権のつながりが説明できる。	政府における三権のつながりは何ですか？
スペイン語：自分や他の人がキッチンで行うことについて会話するために「-ar」の動詞の現在形である「cocinar（料理する）、「preparer（準備する）、「lavar（洗う）」を使いこなせる。	¿Qué cocinas?（あなたは何を料理しますか？） ¿Qué cocina?（彼／彼女は何を料理しますか？） ¿Qué preparas?（あなたは何を準備しますか？） ¿Qué prepara?（彼／彼女は何を準備しますか？） ¿Qué lavas?（あなたは何を洗いますか？） ¿Qué lava?（彼／彼女は何を洗いますか？）
国語：著者のメッセージを特定できる。	著者は何を私たちに伝えようとしていますか？ なぜ、著者はこの話を書いたのでしょうか？
体育：鬼ごっこで追いかける戦術を使いこなせる。	あなたが使っている戦術は何ですか？ どのように／いつその戦術は効果的でしたか？ ほかに使える戦術は何ですか？
数学：それぞれが異なる形式で表されている二つの関数を比較できる。	このグラフとこの式は、どのように比較することができますか？ このグラフで式は、どのように表されていますか？
音楽：スタッカートを読み、定義し、実演できる。	この表現は何を表していますか？ スタッカートの部分をどのように演奏しますか？
芸術：奥行きの錯覚をつくるためにさまざまなテクニックを使いこなせる。	どのように奥行きをつくりますか？ なぜ、奥行きを出すためにオーバーラップ／配置／サイズを選んだのですか？

一貫性をテストする

「壊れたレコード」のように質問を繰り返していると、生徒は教師からの質問を予測できるようになります。質問が予測できれば、質問に対する答えを生徒自身が確認できます。

授業において、「最初の質問は何ですか？」と生徒に尋ねることからはじめてみてください。生徒が学習目標に一致するような質問を予測できたとき、過去の質問を参考にすれば、学習目標の推測ができたことが分かります。

授業の内容理解には質問文を、生徒への期待は肯定文を使う

質問の数を減らせば、あなたは質問の質により注意を向けることができます。また、あなたの期待に生徒が沿うように肯定文を使ってください。

「プリントに名前を書きましたか？」と尋ねる代わりに、「プリントに名前が書かれているかどうか確認してください」という形です。

生徒に手順どおりに何かをしてもらいたい場合、くどくならないためにも肯定文を使うことをすすめます。たとえば、「提出する前に、自分のレポートがすべて書き終えており、かつ適切な書式になっていることを確認してください」という具合です。

学習目標を正確に表す質問を考える

学習目標に関連した質問を作成するのか、生徒と一緒に質問を作成するのか、これらについていえば、大して重要ではありません。いずれにしても、授業中はその質問によって生徒が学習の焦点を維持できるようにしてください。

人工的なものではなく、生徒が理解しやすい文章を考えてください。ここでは、国語の学習目標である「読者が説明文の主旨を判断するのに役立つ方法を特定する」という場合の例を示します。

・読者がこの文章の主旨を理解するための方法は何ですか？
・読者がこの文章の主旨を理解するために、どのような異なる方法を使うことができますか？
・どのような方法を使用して、この文章の主旨を理解したのですか？
・読者にこの文章の主旨を理解してもらうために、作者はどのような方法を使いましたか？

学習目標は、生徒がどのようにして文章の主旨を理解したかであり、主旨そのものが何であるかについては重要ではありません。効果的な質問をすれば、学習目標を達成しやすいところから生徒はスタートします。また、その質問を繰り返せば、学習目標を達成する道筋から外れることもありません。

質問をする際、「この文章の主旨は何ですか？」と、はっきり質問することが必要かもしれません。とはいえ、問題もあります。その質問に対する答えが、必ずしも生徒が学習目標を達成したという証拠にならないという点です。

文章の主旨を特定することは、生徒が主旨を決定する際にどのような方法を使用したのかを判断するときには役立つかもしれませんが、それは「壊れたレコード」の到達地点ではありません。なぜなら、それは学習目標を正当化するわけではないからです。

「この文章の主旨は何ですか？」という質問を使えば、生徒の思考プロセスが変わります。生徒が文章の主旨を特定できたとしても、それがどのようにして決定されたのかについて明確に説明できるわけではありません。幾通りかの解決方法がありますが、学習目標に到達するものを選びましょう。

授業における解決策の一つは、「壊れたレコード」の質問をすることです。主旨を特定するプロセスを通して生徒と一緒に思考プロセスの模索をすることは学習理解に役立ちます。「壊れたレコード」のように何度も質問を繰り返して、生徒が学習目標を達成するようにしてください（これは、レコードが一周回って戻ってくる状態と同じですね！）。

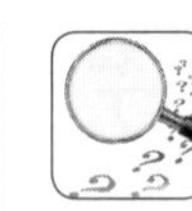

完全実施に向けての青写真

ステップ1　指導案を見直し、生徒が学ぶことの本質を確認する

「壊れたレコード」の質問の目的は、生徒が学んでいることと一致しています。しかし、教えることと学ぶことは同じではない、と心に留めておいてください(2)。

何を教えるのかについて、無計画に授業を行う教師はほとんどいません。結果を出すことを目的としている授業では、教師が生徒に何かを（一方的に）教えるのではなく、生徒一人ひとりが学ぶことを念頭に置いて進められています。

たとえば、教師が「心臓について教えている」と言ったとします。これはテーマであって学習目標ではありません。本当の学習目標は、心臓をテーマにした単元内の授業において、目標心拍数内に収まるように身体活動をモニターし、調整することです。

このように、本当の意味において生徒が学習することを念頭に置けば、教師は「壊れたレコード」の質問を考えだせるようになります。

ステップ2　各授業の学習目標を達成するために、生徒の思考プロセスがどのように変化するのかをイメージする

生徒がすでにもっている知識をさらに別の知識と関連づけることで理解が促進されます。したがって、授業の効果を高めるためには、学習につながる論理的な順序を知ることが重要となります。「ステップ1」で明らかにした学習目標を使って、復習すべき生徒の背景知識と、教師が新しく提供する知識を整理します。

もし、学習目標を「目標心拍数内に収まるように身体活動をモニターし、調整できる」とした場合であれば、それを達成するために生徒は、次のような方法を知っておく必要があります。

・目標心拍数を決定する。
・心拍数を測定する。
・心拍数を増減させる方法を特定する。

これらのスキルをもっていない場合は学習目標への到達が難しくなりますが、これをふまえれ

---

(2)　これについて、あまりにもわきまえていないのが日本の授業ではないでしょうか？　多くの教師がいまだに「自分が教えること＝生徒が学ぶこと」として捉えており、テストの結果が悪いと、「教えたのに覚えていないの？」と平気で言っています！　生徒が学べるように教えないかぎりは、「教えた」とは言えません。

ば「壊れたレコード」の質問を意図的に選択するための学習手順を確認したことになります。

ステップ3　生徒の学習を促す「鍵となる質問」を事前に用意する

カギとなるいくつかの質問は、生徒が学習目標に取り組むために必要な理解をもっているかどうかを判断する際に役立ちます。授業を成功させるために、その日の全体的な目標を小さな目標に分けてください。(3) これらは「壊れたレコード」の質問となり、形成的評価を助けます。

・目標心拍数はどのくらいですか？
・どのように心拍数の測定をしますか？
・どのような身体活動が心拍数を増減させることになりますか？

以下のように、焦点を変えたり、質問のレベルを下げたりせずに「壊れたレコード」の質問を調整すれば生徒の学習理解に役立ちます。

・どのような運動が、心拍数を上げたり下げたりしますか？
・心拍数を上げるためには、どのようにしたらいいですか？
・心拍数を下げるためにはどうすればいいですか？

ステップ4　鍵となる質問から形成的評価のデータを集める

質問に対する回答によって、生徒が何を理解しているのか、何がまだ理解できていないのかが明らかになります。出口チケット(4)は、形成的評価のデータを収集するための普遍的なツールに思えますが、形成的評価は生徒が理解したことを単に記入するための学習活動ではないと理解してください。

よい形成的評価は意図的に行われます。このハックの「ステップ3」では、授業の構成要素を細分化しました。生徒が学習目標（目標心拍数内に収まるように身体活動をモニターして調整できる）を達成できなかったとき、授業の最後で学習を評価したとしても、生徒がどこで学習を諦めたのかが分かりません。

経験豊富な教師であれば生徒が難しいと感じたことを正確に予測できますが、それでも推測がついて回ります。「壊れたレコード」の質問を使って意図的に学習の形成的評価のデータを収集し、推測で判断しないようにするのです。

---

(3)　この部分が、学習目標を細分化して、授業の流れ＝進行として授業案を考える部分です。それをここでは、鍵となる質問で表すことを提案しています。

(4)　教室を出る際に数分で小さな紙に書いてもらう、授業の理解度を評価するための簡単な方法です。詳しくは、六七～六九ページを参照してください。

生徒が心拍数の測定方法を理解したとしても、それをどのようにして調整するかが分からないと、あなたはデータなしで大きな問題を抱えることになります。

生徒がどこで壁にぶつかっているのかに関して整理さえできておれば、目的をもって生徒のサポートができるようになります。誰に対して何を教え直すかと熟慮できれば、すべての指導時間を節約することができるのです。(5) これは、全体のレッスンを繰り返すことに比べれば圧倒的に時間の節約となります。

「壊れたレコード」の質問は、生徒の学習量とデータ収集量を増やし、教師が教え直す時間を減らすことにつながります。そして、あなたの授業は軌道に乗せたままの状態が保てるのです。

ステップ5 「壊れたレコード」の質問で授業を終える

脳は、情報を逆に処理します。人の思考プロセスからいえば、最後に取り組んだことを最初に思い出す可能性が高いのです。それを実証するために、次のことを試してみてください。

生徒に対して、あなたのカレンダーに書かれている、これからする計画のなかから五つの予定を口頭で伝えます。生徒にそれを繰り返してもらいます。あなたがリストアップした最後の予定を、おそらく生徒は最初に思い出すはずです。また、あなたのリストのなかで、彼らに関係しているものは記憶に残り、そうでないものは覚えていないでしょう。

ポイントとなるのは、この脳の仕組みを活用すれば、生徒が情報を保持するための支援ができるということです。

授業が長くなり、予定していたすべての学習活動が終わらなかったときも、学習目標に沿った「壊れたレコード」の質問で授業を終えてください。生徒は、学習目標を達成するためにまだやるべきことがあると認識しているかもしれませんし、学習を理解したと認識しているかもしれません。

いずれにしても、この「まとめ方」によって生徒は学習過程のどこにいるのかについて振り返ることができますし、目標に到達するために何をしなければならないのかを再確認し、それを実現するために自分自身で考えるようになります。つまりこれは、生徒に学習のオウナーシップ(6)を与えている、という状態です（授業の締めくくりの詳細については、「ハック３　学習時間の区切りをつける」を参照してください）。

(5)　これは、一斉授業だけを志向する教え方では生まれない発想だと思いますが、一人ひとりの生徒のニーズにこたえることを目的とした教え方では至極当たり前のアプローチです。その資料は、下のＱＲコードで得られます。

(6)　「これは、自分のもの」と思える意識のことを指します。

課題を乗り越える

悲しいことに、ほとんどの教師が仕事量を減らしたいと思っていますが、どのようにすれば減るのかについては知りません。そのため一部の教師は、「壊れたレコード」の質問づくりを「楽な道」のように感じるかもしれません。しかし、それは教師の努力を減らすということではありません。生徒がより深い学習を行うために、生徒自身が学習に対する責任をもつような授業づくりを教師が行うということです。

課題1　教師が授業の方向性を明確に知っていないとまずいのではないですか？

新しい考えや新しい視点からの疑問を探究することは、生徒にとっても教師にとっても刺激的で楽しいものです。私たちは、自然な思考プロセスをたどる方法を生徒に奨励し、モデルにしてほしいと考えています。

しかし、授業に明確さがないと、教育においては自殺行為となります。何を学ぶのかという明確な目標が生徒になければ、学習のなかに落とし穴をつくってしまいます。

課題２　理科の授業や探究を推進する質問にはどのように対応すればいいのですか？

もっと簡単です！　探究を推進する質問[7]は、「壊れたレコード」の質問であることが多いからです。学習目標を変える必要はありません。生徒を軌道に乗せるために、探究を推進する質問に振り返りの要素を追加してみてください。

・これは、探究を推進する質問に答えるのにどのように役立っていますか？
・それは、探究を推進する質問について何を教えてくれますか？
・それは、探究を推進する質問とどのように関係していますか？
・探究を推進する質問に回答するのに、どのような情報が役に立ちますか？

課題３　同じ質問を続けていたら、生徒は同じ答えを繰り返すだけです。

誰かに話をしているとき、「やっと私が言いたかったことを理解してくれた」と思ったことはありませんか？　この言葉を生徒に言ったことがなくても、校長先生、パートナー、あるいは自分の子どもに言ったことはあるでしょう。

何かを深く理解するまでには、何度も何度も尋ねる必要があります。新しい情報がほかの新し

（7）（driving question）問題やプロセスを調査／探究するために行う質問のことです。

い考えと混ざっている場合は、とくにこれが当てはまります。「壊れたレコード」の質問を通して一貫したパターンが明らかになれば、生徒は内容を深く理解できるのです。

実際にハックが行われている事例

メアリー・スタインバーグ先生が教えている「代数Ⅱ」のクラスは、生徒が理論的確率と実験的確率の違いを学んでいる日に「授業研鑽チーム」の教師による参観を受けました。授業の前にスタインバーグ先生は、「授業研鑽チーム」とともに授業計画を共有しました。先生は、「理論的確率と実験的確率がどのように違うのか、またなぜ違うのかについて生徒に学んでもらいたい」と説明しました。これは導入の授業であり、統計学に深く入る前にこの二つの概念をしっかり理解してもらう必要がある、とのことでした。

七年生の生徒であればこの二つの違いをすでに知っているはずですが、スタインバーグ先生は昨日の形成的評価から「定義を再確認する必要がある」と判断しました。先生は退屈な講義をするのではなく、予備知識を呼び起こし、論理的確率と実践的確率がどのように違うのかについて生徒に考えてほしかったのです。

また、チームワークを要する学習活動は、生徒たちにとって協働作業のスキルを磨くよい機会ともなります。スタインバーグ先生は、数学を早く理解してほしいと生徒に期待していたので、この機会を利用して生産的に協力しあう学習チームをつくりました。

この日の授業では、生徒はスキットルを使って理論的な確率を計算しました。生徒が中を見ずにお菓子を袋から取りだした場合、特定の色になる確率はどのくらいでしょうか？　これが、学習における最初のステップでした。

スタインバーグ先生は、生徒が計算できることを含め、定義と例を示せなければ確率の比較や対比ができず、また確率の理解を将来の統計学の授業に応用することもできない点を痛感していました。

先生は、まず生徒たちに個別に計算をしてもらい、そのあとでほかの生徒が出した答えと比較してもらいました。答えを比較しながら先生は多くの質問をしましたが、どのペアの生徒に対しても、「同じ色なのになぜ答えが違うのですか？」という質問をしました。

すべての袋に同じ数のキャンディーが入っているわけではなく、ほとんどの生徒が色の数の違うキャンディーを持っていました。オレンジ色のキャンディーを選ぶ確率が、ある生徒は二〇パ

（８）　さまざまな色の丸いキャンディーの商品名です。

ーセント、別の生徒では二九パーセントであると説明できたとき、先生は生徒たちの進歩を確認しました。ちなみに、別のグループでは〇パーセントと計算した生徒もいました。

スタインバーグ先生は、順番にすべてのテーブルにアプローチし、生徒が理論的な確率を定義できる証拠を示しているか、また数学的な推論を使って、なぜほかの生徒が同じ、または違う確率を計算したのかについて「理由づけ」ができているかを記録しました。

次に、クラス全体に「自分の計算はどれくらい正確だと思いますか？」という質問を投げかけました。すべての生徒が、自分の答えに自信をもっていました。そこで先生は、生徒が行った計算の正確さを証明するように尋ねました。すると生徒たちは、それを証明するために、何回確率を試行する必要があるのかについて各テーブルで話し合いました。

生徒たちの自信が徐々に失われていく様子を、先生は耳を傾けながら見ていました。話し合うほどに、生徒たちは自分の計算に自信がもてなくなっていきました。あるグループはパーセンテージの範囲を求めていましたが、ほかのグループはパーセンテージが一致するまで無制限の試行を求めていました。その様子を見ていた先生は、生徒たちが理論的な確率を実験的方法で証明するのに苦戦しはじめていることに気づきました。

生徒たちがイライラしはじめる前に先生は、それぞれのグループに実験の条件を特定し、データを検証するように指示しました。先生は、再び「壊れたレコード」の質問を使いました。先生はすべてのテーブルにさまざまな質問をしましたが、全員に対して、「あなたたちの実験結果は、理論計算と比較してどうでしたか?」という質問をしました。そして、その後、「なぜですか?」と質問を続けました。

追加の実験が必要なグループもありましたが、最終的には、先生はすべての生徒に同じ質問をして、持ち歩いていた記録ノートにそれぞれの回答と正当性を書き込みました。先生のノートには、数学的な語彙を使って理由を明確に説明できたか、生徒同士が分かりあえる言葉を使用して説明できたか、または結果が同じではない理由を論理的に説明できなかったことが示されていました。

授業中、スタインバーグ先生は次のような質問をそれぞれの生徒に一回から三回していました。

・可能性と偶然は同じものですか?
・違う結果がありそうですか?
・結果をコントロールできますか?
・次のステップは何ですか?
・それは何を意味しますか?
・割合はどうやって計算しますか?
・すでに計算しましたか?

・何が起こると予測していますか？
・セイジが「そうなるはずだ」と言ったのはなぜですか？
・キャンディーの色を選んだあと、そのキャンディーを外に出しておきますか？　それとも袋に戻しますか？
・試行回数はどうやって決めますか？
・キャンディーの実験の結果はどうでしたか？
・学校の教師はどんなときに確率を使いますか？
・どのような職業において確率を使いますか？
・あなたは、自分たちの計算の正確さをどのくらい確信していますか？

スタインバーグ先生は、二五人の生徒のクラスで、次のような「壊れたレコード」の質問を五回以上していました。

・それは、あなたの理論的な計算と同じですか？（六回）
・どのように思いますか？（一〇回）
・驚いたことは何ですか？（一七回）
・実験結果は理論的な計算と比べてどうでしたか？（二五回）

・どのようにして証明しますか？（二六回）
・なぜですか？（三五回）

質問のなかには、生徒がより一般的に考えるように促すものもありましたが、何に焦点を当てた授業なのかを明確にするものもありました。授業を締めくくることになる出口チケットの前にスタインバーグ先生は、授業で使用したキャンディーを食べるように、と生徒たちにすすめました。口に食べ物を入れたまま話すのは失礼だからといって、比喩的に、そして文字どおり噛むものを与えるがごとく次のように言いました。

「この授業の目的は何だったのでしょうか？　今日は、何を学ぶべきだったのでしょうか？」

考える（そして噛む）ために少し時間をとったあと、スタインバーグ先生は学習目標が何だったのかについて、隣の生徒と共有するように求めました。先生は、異なるペアの間に立って話を聞いていました。この授業についての振り返りにおいて、二つのペアのうちの三人が、計算が合わなかった原因や根拠を言えなかったことに気づきました。

スタインバーグ先生は、授業から何をどれくらい生徒が学んだのかを再度確かめたいと思っていました。そうすれば、次の授業の導入時に、出口チケットとこの情報を参考にしながら、何人かの生徒に適切な支援ができるからです。そして次の時間、ほとんどの生徒が導入の活動を終えようとしているなか、スタインバーグ先生は、支援を必要としている生徒が前の授業とのつながりがもてるだけの時間を確保しました。

授業中、先生は一度も用語の定義については教えませんでした。出口チケットにおいて、理論的確率と実験的確率の定義を生徒自身の言葉で示すようにと求めました。そして、理論的な確率を計算したものと、実際に行った実験結果のデータを比較して、なぜ同じだったのか、それとも違っていたのかを説明するようにとも求めました。ちなみに、出口チケットの最後の質問は、「これを理解することが数学の授業以外でなぜ重要なのでしょうか？」でした。

授業のあとに行われた「授業研鑽チーム」との振り返りにおいて、私たちは出口チケットの回答を確認しました。驚くことではありませんが、多くの生徒が授業中に示された職業について、なぜこの職業にとって確率が重要なのかという理由を述べていました。ユニークな例を提示した生徒が数人いましたが、答えの欄が空白になっていた生徒もいました。

この質問は、学んだことを生徒が応用できるかを評価するためのものであり、職業についてブレインストーミングするためのものではありません。スタインバーグ先生は、「どのような職業が確率に深く関係していますか？」という質問を「壊れたレコード」に追加し、理論的なものか実験的なものか、あるいはその両方を使用するのかと質問しました。これは、生徒たちの学習につながりをもたせるきっかけになります。

「壊れたレコード」の質問に関するアイディアを紹介すると、ほとんどの教師が安堵感を示します。質問を繰り返せば授業計画が少し楽になるからです。ほとんどの教師は、生徒のために同じ、あるいは似たような総括的評価を行っています。ではなぜ、学習プロセスを通じて理解の証拠を集めるために一貫した方法を取り入れないのでしょうか？

焦点と明快さに対するサポートも学習の成功につながります。同じ理解を測ったり、同じ思考プロセスを促したりすることを目的とした問題であれば、同じような出題ができますし、おそらくそうすべきでしょう。

これは、同じ問題でなければならないということではありません。教師は、「壊れたレコード」の質問をするとき、自分の指導スタイルにあった、無理のない、本物の方法(9)を見つけなければなりません。

このハックは生徒の学習をサポートするためのものです。むしろ、生徒にとっての恩恵のほう

(9)　自分にとっても、生徒にとっても偽りのない方法、という意味です。さらにいえば、学校のなかだけで役立つ「学校ごっこ」ではないという意味です。

が大きいといえるでしょう。英語の学習者にとって、反復は言語を構築するために効果的な方法となります。「壊れたレコード」の質問は、同じ概念が違う方法で、あるいは異なる条件でどのように使用されているのかを知るときに役立ちますし、事前に学習した知識を引きだすこともできます。

また、教師が近くにいなくても、生徒がそれを再現できるような思考プロセスのパターンの構築ができます。生徒が学習目標に関係する重要な質問に焦点を当てることができれば、脱線する可能性が低くなります。

教師の質問に一貫性がないと、生徒が授業に対して不満をもつ場合があります。念のために言っておきますが、私は一人ひとりの生徒をいかす教え方に反対を唱えているわけではありません。一つの質問がすべてに当てはまるような考え方を提案しているわけでもありません。私が提案しているのは、一人ひとりの生徒をいかす際に大切な点は、学習目標ではなく、最終目標に到達するための課題、学習環境、教材、そして方法にあるということです。

もし、学習目標へ到達するために遠回りが必要であれば、そのようにしてください。ただ、無意識のうちにまったく関係のない道に進み、授業の目標を完全に見失ってしまうことがないようにしてください。意図的に生徒たちと歩む道をあなたが変更しないかぎり、「壊れたレコード」の質問が本来進むべき道にとどめてくれるからです。

すぐに使える効果的な質問を準備しておく

生徒が深く考える質問を用意する

よく準備してから戦いに臨めば、半ば勝ったも同然だ。

ミゲル・デ・セルバンテス・サアベドラ
(Miguel de Cervantes Saavedra, 1547～1616)
近世スペインの作家で、
『ドン・キホーテ』の著者として有名です。

問題――授業内容に関する質問だけでは不十分である

授業計画は教科内容の学習を中心に立てていますし、授業は教科別に分類されています。そして、各州の学習評価は、生徒の教科内容の習得度（学習目標に対する到達度）を測るものです。「ハック5」で紹介した「壊れたレコード」の質問も、学習目標に沿ったものになっていました。つまり、教科内容に沿った質問であるということです。しかし、実際には、教科内容は学習の半分でしかありません。それなのに、ほぼすべての質問は内容・知識中心に出題されています。これではバランスが悪く、生徒の学習評価を正確に行ううえにおいて効果的とはいえません。

教科内容の質問は、生徒が問題をどのように解釈しているのか、複雑な文章を理解するためにどのような方法を使っているのか、絵画のカラーパレットにどの色を入れるのかなどを考える際のきっかけにはなりません。とくに、読解、算数・数学などの授業において教師が質問をする場合は、つい生徒がしっかり考えていると思ってしまうものです。しかし、実際はそうではありません。メタ認知に関する質問というのは、生徒に「自分自身の思考プロセスについて考える」ことを促すものなのです。

ノーマン・ウェブ（Norman Charles Webb, 1925～1985）の知識の深さと、ベンジャミン・ブルーム（Benjamin Samuel Bloom, 1913～1999）の分類法[1]を考慮した質問を作成する方法が、多くの教育関係の資料で参考にされています。しかし、教師が完璧な質問を作成するだけでは十分とはいえません。重要なのは、生徒が質問についてどのように考えればいいのかについて知っていることです。

もし、生徒の学習を活性化させることが、あらかじめ作成された一連の教科内容の質問だけで行われる場合、生徒が質問を理解するために過剰な手助けをしていることにあなたは気づくでしょう。また、複雑な内容の質問に対しては、取り組み方を示せないままの授業であれば失敗に終わります。

生徒に対して、「あなたが学んだことではなく、あなたが考えていることに基づいて回答しているのではないですか？」や「本当に、その回答が今起こったことを説明していますか？」と問いかけてみてはいかがですか？　このように質問すれば、生徒がしていることや学んでいることをきちんと結びつけられます。

（1）　ウェブは四段階（知識の習得、知識の応用、分析、論証）で、ブルームは六段階（知識の記憶、理解、応用、分析、評価、創造）でランクづけています。『増補版「考える力」はこうしてつける』には後者の質問のつくり方が紹介されています。また、ハワード・ガードナーのマルチ能力でも質問をつくることができます。同書、第5章を参照してください。

生徒が目の前の証拠や自身の経験に基づいて考えることに挑戦せず、先入観に陥ってしまっている場合、そこから抜けだすためにかなりの忍耐力を必要とします。質問が教科内容だけに焦点を当てられている場合、生徒が考え方を変えることはほとんどありません。

これについてのハックは簡単です。正しい種類の質問を使って、生徒に「考えること」を教えましょう。

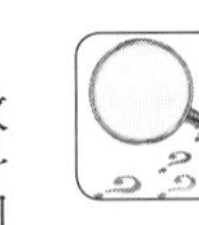

ハック――すぐに使える効果的な質問を準備しておく

教科内容と生徒の思考プロセスに関する質問をバランスよく行うために、生徒自身が思考プロセスについて考えられる質問を常に準備しておきましょう。生徒たちの脳に意図的に話しかけたほうが、教科内容と生徒の思考プロセスとのつながりはつくりやすいものです。生徒を巻き込むこれらの質問の利点は、すぐに使える効果的な質問を事前に準備しておけるほか、さまざまな学習状況で使用できることです。

これらの質問は、生徒の思考プロセスを促すことを目的としたものです。それはすべての教科内容の目標に共通して含まれているので、必ずしもある特定の教科内容である必要はありません。

このような質問には特定のテーマがないので、生徒自身の思考プロセスに意識を向けるきっかけとなります。

いくつかの質問は必要に応じて単独で使うことができますが、多くの教師は、一つまたは二種類の質問を好んで使用する傾向があります。さまざまな種類の質問をすれば、生徒は違った視点から考えられます。効果的なさまざまな種類の質問を行うことで生徒の思考プロセスの幅が広がり、新たな挑戦が可能となります。すぐに使える効果的な質問の例については、次ページに掲載した**表6－1**を参照してください。

いつでも使用できるように、効果的な質問をあらかじめ用意しておきましょう。イリノイ大学シカゴ校のタフィー・ラファエル（Taffy E. Raphael）教授によって開発された「質問と答えの関係」というものがありますが、元々は授業内容の理解を測るためのものでした。この「質問と答えの関係」は、生徒が質問に答えるときに役立ちます。教師がこの「質問と答えの関係」を使えば、生徒は積極的に自分の思考プロセスについて考えられるのです。ラファエル教授は、「質問」と「答え」を四つに分類しました。四種類のそれぞれの関係は、生徒が答えに対してどのようにアプローチするのかを反映しています。

「質問と答えの関係」には「文章」と「頭の中」というカテゴリーがあります。それぞれのカテゴリーに二つの「質問と答えの関係」があるので、合計四つの組み合わせが生まれます。

表6－1　すぐに使える効果的な質問タイプ

根拠型	・どうやって分かるのですか？ ・証明できますか？ ・あなたの証拠は何ですか？ ・どうしてそのように思ったのですか？ ・なぜ、確信がもてるのですか？ ・何をもとにしてあなたは答えているのですか？ ・それはいつも当てはまるでしょうか？	感情型	・どのように感じますか？ ・本当にそうだと思いますか？ ・あなたの答えに対してどれくらい自信がありますか？ ・もし……だったとしたら、あなたはどのように感じますか？　どんなアドバイスを与えますか？ ・あなたは……に同意しますか？ ・どのようにあなたの考えに変化がありましたか？ ・ほかの人は、どのように反応するでしょうか？
経験型	・何を思い出させますか？いつこれを見たことがありますか？ ・このことで、あなたは驚きましたか？ ・これは何と似ていますか？ ・これはどのようにあなたと関係していますか？	認知型	・何が起こりそうですか？ ・あなたは何について判断しますか？ ・なぜ、著者／科学者／数学者は……だったのですか？ ・何か欠けていませんか？ ・ほかに何か可能性はありますか？
解釈型	・……の背後にある意味は何ですか？ ・それはいい決定でしょうか？ ・……とは、どういう意味ですか？ ・それは何を象徴していますか？ ・何が重要ですか？	分類型	・言外の意味は何ですか？ ・違った方法で説明できますか？ ・どのように定義づけますか？ ・ほかの言い方はありますか？ ・あなたは……と言おうとしていますか？

本文読解――答えが文章の一か所にある。
思考と探索――答えは本文にしかないが、複数個所にある。
著者と読者の答え――答えは読み手の解釈と文章にある。
自分の考え――答えは読者の考えのみからもたらされ、文章からではない。(2)

文章例

塗り絵は、すでに幼稚園児だけのものではありません。書店やスーパーのレジでは、大人も楽しめる塗り絵が売られています。塗り絵は、人々がさまざまな色で塗れるような複雑なパターンや、詳細な絵のキャンバスを与えてくれます。医師のなかには、不安を抱えている患者には白と黒の塗り絵をすすめる人もいます。大人が塗り絵をすることは、ストレスを軽減したり、リラックスしたりするのに役立つと知られています。オンラインで注文して、自宅に届けてもらうという購入者もいます。子どもを主な対象としていたこの学習活動は、今や一八歳以上の人に人気があるのです。

(2)　翻訳協力者から「これを分かって教えている教師は、日本にはほとんどいないのではないかと思います。これからは、子どもたちにも理解してもらわないといけません」というコメントをもらいました。質問を分類して、それぞれの質問の役割を分かって質問している教師が増えれば、より深い学習ができるでしょう。

質問 **どこで大人の塗り絵は購入できますか?**

本文読解（回答例）——大人の塗り絵が売られている場所の一つはスーパーです（答えは一行目に書かれています。読者は、指で答えが示せます）。

思考と探索（回答例）——大人の塗り絵が売られている場所は、書店、スーパー、インターネットの三か所です（答えは文章の一行目と六行目にあります。読者は、この質問に対する答えを探すために複数の箇所を読まなければなりません）。

著者と読者の答え（回答例）——大人の塗り絵は、おそらくアマゾンで買えます（文章中に、購入者が塗り絵をオンラインで注文しているという情報が書かれています。読者は、アマゾンを特定のオンライン・ショッピング・サイトとして選択し、答えに「自分の考え」を加えています。答えは、文章と読者の両方の情報を組み合わせたものになっています）。

自分の考え（回答例）——母が「一ドル（一〇〇円）ショップ」で大人の塗り絵を買いました（読者は本文の情報を使わず、自らの経験に基づいて答えています）。

これらの例は、一つの質問に対してどのような答え方ができるかを示しています。質問に答えるための思考プロセスによって、生徒はさまざまな答え方ができます。もちろん、すべて答えは正しいものです。これをさらに応用してみましょう。たとえば、この文章を使って、文中にある内容を推測することについて教えるとします。論理的な質問は次のようになります。

「次の段落には、どのような情報が書かれているでしょうか？」

生徒の反応——次の段落は「カット・アンド・ペースト[(3)]」の話になると思います。なぜなら、幼稚園でその活動がよく行われるからです。

この答えを聞いた教師は、生徒が幼稚園での経験に基づいて答えた、と認識するでしょうが、この答えは文章に基づいたものではありませんし、文章に書かれた証拠を使って生徒が推測したことは証明できません。それでは、生徒の答えにどのように対応すればよいでしょうか？

考えられる教師の反応

- 次の段落がカット・アンド・ペーストだということは、本文のどこに記載されていますか？
(この場合、生徒の答えを無視し、生徒をもう一度本文に戻らせることになります。)

---

(3)　(cutting and pasting) 幼稚園や未就学児の運動能力を伸ばすためにワークシートを切ったり貼ったりする学習活動です。

- つなぎ言葉（接続語）について、どのようなことを知っていますか？（これは、生徒に次の段落で何が起こるのかついて、つなぎ言葉［接続語］がヒントになることを示唆しています。生徒が答えた推論については言及していません。）
- 最後の文は何を示唆していますか？（これは、生徒に答えがどこにあるかを示しています。ここでも、生徒が考えたことは無視されています。）
- 文章は、カット・アンド・ペーストについて言及していますか？（これは、生徒の答えに対応していますが、正しい考え方を促していません。）
- あなたは「自分の考え」を答えています。「著者と読者の答え」なら、どのようなものでしょうか？（これは、生徒の答えを特定のタイプのものとしてラベル付けしたうえで、内容については助けを与えずに、別の答え方をするようにと生徒を導いています。）

「質問と答えの関係」を教えられれば答えの選択肢を増やせますし、生

もし、生徒が「本の中に答えが見つからない」と言うようであれば、「その質問は『思考と探索』についての質問です」と伝え、生徒が「思考と探索」の観点から質問を考え直すように促してください。

徒の考え方を変えることができます。もし、生徒が「本の中に答えが見つからない」と言うようであれば、「その質問は『思考と探索』についての質問です」と伝え、生徒が「思考と探索」の観点から質問を考え直すように促してください。

あなたが明日にでもできること

質問の幅を広げる

すぐに使える効果的な質問タイプ（一五〇ページの**表6－1**参照）を使って、あなたの質問が特定のタイプの質問かどうかを判断してください。もし、質問タイプに偏りがあれば、質問の種類を増やしましょう。私は「根拠型」の質問を好んで使用します。これらの質問はすぐに思いつきやすいのです。また、「分類型」の質問は普段あまり使わないので、私はこのタイプの質問を常に準備して、質問する機会を探しています。

動詞に注意する

質問を作成する際には、生徒に使ってほしい思考プロセスを使用してください。「順調に活動できていますか?」のような一般的な質問はオープンエンドのものなので、結局、あまり意味のない質問となります。

生徒がどのように感じているのか、どのように時間を管理しているのか、またどのような学習活動を行っているのかについてさまざまな答えが返ってくるかもしれません。生徒からの「順調です」という答えは、教室内を短時間で周って確認している教師であれば満足する答えかもしれませんが、実際のところあまり意味がありません。

質問をする際は、生徒に使ってほしい思考プロセスを曖昧なものにせず、教師が望む思考プロセスを生みだすような動詞を使えば、より深い答えを生徒から引きだせます。

調子はどうですか?→どのように比較/対照していますか?

学習活動はどんな調子ですか?→それは、どのように関連していますか?

考え聞かせを使用する

「考え聞かせ」(五八〜六〇ページを参照)は、教師が模範となる思考プロセスを生徒に示す際に使う方法です。教師は物事をすでに理解しているので、「考えることがない」と生徒に誤解される場合が多いです。「考え聞かせ」を使えば、難解なことに教師自身が直面したときでも、実際に使っている考え方を生徒に示すことができます。ただし、頭の中で起こっている思考プロセスを簡潔に説明しなければなりません。

以下に挙げるものは、シンプルですが強力で、もっとも効果的な考え聞かせの特徴です。

・代名詞「私」を使う。
・教師にとって本当に難しいことについて、考える方法をモデルで示す。
・考え聞かせのなかに、生徒との質疑応答は含めない。
・生徒にとって何が難しいのかを踏まえて、事前に考え聞かせを行うための計画を立てる。
・教師が遭遇している葛藤や、実際に使っている問題解決のプロセスを明らかにする。
・検討はしたが取り入れなかった考えと、その理由を考え聞かせに盛り込む。
・生徒が教師の思考プロセスについて気づいたことや、それがどのように彼らの助けになるかを簡単に振り返ってもらって終える。

教科書内容に関する質問のあとにフォローアップの質問をする

「根拠型」の質問（一五〇ページの**表６－１**を参照）は、フォローアップの質問のためによく使われます。これによって、生徒が答えた際、その答えがどのように導きだされたのかについて尋ねることができます。それを繰り返していると、教師に尋ねられなくとも生徒は回答に根拠を含めるようになります。だからといって、フォローアップの質問をしなくてもいいということではありません。生徒が根拠を示した場合は、次のような質問でフォローアップをします。

・誰か違う視点をもっている人はいないでしょうか？
・それは、あなたが最初に考えたことですか？

・あなたの考えに例外はありませんか？
・ほかの人は、あなたの考えをどのように批評するでしょうか？

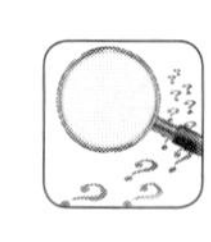

完全実施に向けての青写真

ステップ1　「文章」と「頭の中」の分類に分けて「質問と答えの関係」を考える

「質問と答えの関係」を自分のものにするためには、まず答えが「文章」と「頭の中」にあることを生徒に教えます。「質問と答えの関係」について学習する際、生徒にとってもっとも難しい概念は、情報がどこから来るのか（文章のなかからか、それとも自分の頭の中からか）を明確にすることです。

四つの「質問と答えの関係」を一つずつ教えることがまず思い浮かびますが、それは次の段階になります。まずは、「文章」と「頭の中」の答えを紹介してください。それぞれの分類例を事前に教えれば、生徒は質問の処理方法や答えの関係をより効果的に把握するようになります。

ステップ２　「質問と答えの関係」の分類ごとに質問を考える

「文章」と「頭の中」の答えの違いを生徒が理解したら、以下の手順で「質問と答えの関係」を導入します。

最初に、文章内で答えられる分類として「本文読解」と「思考と探索」の説明を行います。このとき、「思考と探索」は「頭の中」で考える必要があると思いがちですが、文章に書かれている以上の情報は必要としないことを明確に示してください。一例として、「この文章はどうやって要約することができますか?」や「主旨は何ですか?」が挙げられます。

答えが明確に書かれていないからといって、それが「頭の中」で考える質問とはかぎりません。文章を要約したり、トピックを特定することは自分自身の考えではなく、あくまでも文章に関する内容です。さまざまな「質問と答えの関係」の例を提示することに時間を費やし、一か所または複数か所から答えを見つけられるように練習させてください。

次に、「著者と読者の答え」と「自分の考え」を説明します。この順番を入れ替えることも可能です。

「質問と答えの関係」の「文章」のなかに答えがある二つ（「本文読解」と「思考と探索」）と同

じく、「質問と答えの関係」の読者の「頭の中」にある二つの答え方（「著者と読者の答え」と「自分の考え」）の組み合わせを練習します。すべてとなる四つの「質問と答えの関係」を組み合わせる前に、生徒が「自分の考え」と「著者と読者の答え」を十分理解できるように、一人ひとりから形成的評価のデータを収集してください。

四つの「質問と答えの関係」を練習する際、「著者と読者の答え」と「思考と探索」を混同する場合がよくあります。その場合は、「考え聞かせ」（一五六ページを参照）を用いて、教師がどのように区別しているのか、その思考プロセスを生徒に示すようにしてください。

まず、短い文章と、それに関連する質問と答えを提示します。文章の長さを徐々に増やし、質問と答えの両方を示します。四種類の「質問と答えの関係」をすべて提示し、「これは『質問と答えの関係』ですが、ほかのものは当てはまりませんか?」と「壊れたレコード」の質問（詳細は「ハック5」

注意！
あくまでも目的は「質問と答えの関係」を理解することであり、単に質問の種類を分類することではありません。生徒は「質問と答えの関係」を判断するために、質問と答えの両方の情報が必要なのです。

を参照）を使用しながら、生徒が理解できたかどうかを確認します。

「質問と答えの関係」は四種類しかないので、生徒は推測で回答することもできます。したがって、生徒が正しく分類したからといって安心せず、彼らの分類の根拠に耳を傾けるようにしてください。これで、すぐに使える効果的な質問の準備がほぼ整ったことになります。

ステップ３　生徒が答えを考える

生徒が「質問と答えの関係」を理解したあと、質問だけを生徒に与えます。その質問に対する答えを生徒が考え、それからどの「質問と答えの関係」を使用して答えを導きだしたのかを生徒から聞きだします。このとき、ピンポールトーク（詳細は「ハック４」を参照）を促すために、四人ずつのグループに分かれて学習活動を行います。

「質問と答えの関係」が記載されたカードを印刷し、グループの生徒一人ひとりに配ります。四つの異なる文章を使って（または、長い文章を四つに分割して）、「質問と答えの関係」の質問を一つのグループにつき四つ、クラス全体で合計一六問準備してください。

各生徒に与えられた質問に対して、グループで協力して答えるように促します。次は、生徒一人ずつにどの「質問と答えの関係」か提示してもらい、その根拠を述べてもらいます。次の回では、グループごとにカードを交換し、同じ手順に従って学習活動をさせます。これを四回行えば、生徒はすべての「質問と答えの関係」に取り組むことになりますし、合計一二回の「壊れたレコード」の質問に答えることになります。

生徒が「ステップ3」に習熟しているかどうかを確認するために、「ステップ4」に進む前に生徒一人ひとりの形成的評価のデータを集めてください。

ステップ4　生徒が質問を考える

次の段階では、生徒に質問の角度から「質問と答えの関係」について分析してもらいます。グループごとに、与えられた文章に関して「質問と答えの関係」の四種類の質問を作成するように促します。四種類に適した質問であるかどうかを確認し、つくった質問をほかのグループにわたすように指示します。別のグループは、その質問に対して答え、質問を作成したグループと彼らの答えがどのタイプの質問であるのかについて考えてもらいます。もちろん、彼らはその根拠を説明しなければなりません。

その後、別のグループに同じように課題を割り当てます。教師は、生徒の「質問と答えの関係」の根拠についてフィードバックを行うようにしてください。

生徒全員が「質問と答えの関係」を理解したかどうかを確認するために、グループではなく個人でも練習させてください。新しく修得したことを応用する際、仲間の助けや対話が生徒の理解を深めるだけでなく、練習の機会を与えればその効果は高まります。

ステップ5　「質問と答えの関係」の用語を使用しながら生徒の答えを調整する

「ステップ１」から「ステップ４」を終えれば、「質問と答えの関係」から多くのメリットが得られます。適宜、「質問と答えの関係」を参考にしながら、さまざまな角度から質問を分析するように促してください。カリキュラムで「質問と答えの関係」を取り入れている学校では、学年や教科の枠を超えて「質問と答えの関係」を活用しています。

たとえば、生徒が「質問と答えの関係」を理解したら、「本文読解」や「思考と探索」の質問を国語の授業や理科の実験に導入してみてください。理科の実験では、生徒の考えを正しい方向へ導くのに役立ちます。生徒自身の背景知識に加えて、実験の観察から得られた証拠を使います。「著者と読者の答え」の代わりに「実験と自身の考え」というように、用語を修正しながら使ってください。

このように「質問と答えの関係」を応用すれば、生徒自身が実験で発見したことと以前に授業で学習したことが関連づけられるようになります。いくつかの質問をあらかじめ準備しておけば「損をする」ことはありません。準備さえしておけば、生徒がさまざまな角度から質問に対してアプローチする必要があるとき、いつでも教師のあなたは質問できるのです。

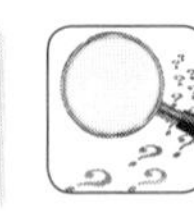

課題を乗り越える

課題1 「質問と答えの関係」を知っているだけでは教科内容の知識が深まりません。

生徒に「質問と答えの関係」を教える意図は、教科内容についてどのように考えればよいのかについて援助するということです。

たとえば、学習における忍耐力が伸ばせる「思考と探索（答えが文章の複数個所にある）」の問題を解かせると、的確な答えを特定することがいかに難しいかについて生徒は学べますし、このような練習を重ねることで、彼らの授業への取り組み方に影響を与えるほか、学習の理解度も高まります。

課題2 事前に質問を考えるのは不自然な感じがします。

学習内容の理解と生徒の授業参加を促すような質問を教師が計画する際、質問のシナリオを作成するというよりは、その準備を意識的に行うことに意義があるといえます。生徒が学習に苦戦したり、援助を必要としているときの質問をどのように作成するのかについて考えておけば、そのような状況が発生したときでも、対処するための準備が少しできていることになります。いく

つか質問を用意しておけば、授業の進み方が円滑になり、教師の伝えたいことがより明確に伝わります。(4)

課題3　間違った質問(5)をしたらどうすればいいですか？

そのときは、そのときです。間違った質問だからといって、授業を台無しにしたり、学習を妨げたりすることはありません。いつ、どのように、どのような質問をするのかに注意を払えば質問の技術は磨けます。

質問の仕方のパターンに注意を払い、生徒の反応を観察します。よい質問を見つけたら、それをいつでも使えるようにしておきましょう。また、どのような質問を避けるべきかについても考えましょう。

---

(4)　もちろん、事前に用意した質問をそのまま使うというよりも、授業内で臨機応変に修正して使うことを心がける必要があります。

(5)　翻訳協力者から「間違った質問というよりは、読解には優先度の低い質問というか……『今それ？』というものを選ぶ生徒が結構います」とコメントをもらいました。たしかに、間違った質問はなく、どの質問をどのタイミングで行うかが大切だと思います。

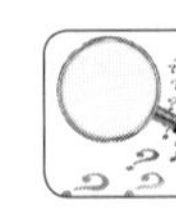

実際にハックが行われている事例

アネット・バトル先生の小学校を訪問した際、先生の授業において、小学二年生の生徒のために「質問と答えの関係」をどのように区別して教えているのかを見学しました。

カリフォルニア州のソレダッド教育委員会管轄内にあるほとんどのクラスがそうであるように、大半の生徒の家庭では英語が話されていません。つまり彼らは、英語学習者として授業で英語の本を読んで学んでいたのです。年間を通して「本文読解」から「思考と探索」の関係に進む際、生徒に「質問と答えの関係」を理解してもらうために、用語やそれぞれの関係を教えることがとても有益でした。

バトル先生は、授業が進むにつれてより多くの質問をすることが分かっていたので、あらかじめいくつかの質問を計画していました。生徒たちは文章に現れる登場人物や状況を特定する学習活動をすでにしていたので、生徒たちが文章のさまざまな部分から情報をまとめられるように準備したいと先生は考えていました。驚くことに、この時点で先生はラファエル教授が提案した「質問と答えの関係」という概念は知らなかったのですが、「思考と探索」の質問を彼女なりに説明していたのです。

生徒たちは、物語のさまざまな場面で登場人物が現れ、その人物が登場したところをマーカーテープ（貼ったり剥がしたりできる）で記録していきました。バトル先生は、文章のなかにある複数の答えを見つけようとする生徒を支援するために、巧みな方法で質問を重ねていきました。

先生が全員に対して、「この物語にはどんな登場人物が出てきますか？」と質問しました。生徒がそれぞれの登場人物の名前を述べたあと、「この物語には、ほかにも登場人物がいますか？」と「壊れたレコード」の質問をしました。その後、「どうすれば、誰が登場人物だと分かりますか？」と質問し、「それが文章のどこにあるのか、証拠を示すように」と求めました。生徒たちは、複数のページにマーカーテープを貼り、あるページでは二人の登場人物に印をつけていました。

授業の各段階でバトル先生は、「壊れたレコード」の質問とすぐに使える効果的な質問を組み合わせて、生徒たちがバランスのとれた学習体験ができるようにしていました。生徒が何を学習しているのかに焦点を当てたあと、生徒自身が考えるための質問を使って、さまざまな教科学習や生活に応用できるスキルを教えていました。

一人ひとりをいかす授業を意識していたのでしょう。ある生徒は登場人物が出てくるたびに印をつけ、別の生徒は最初に登場人物が出てきたところに印をつけていました。登場人物が出てくるたびに印をつけていた生徒は、印をつけ終わったあと、物語の最初に戻りました。これらの生徒たちは、印が見つかるまで一ページずつ教科書をめくっていきました。

生徒たちは、別の紙に登場人物のリストを作成し、名前を書き写したら、マーカーテープを取り外しました。すでにリストに載っていた登場人物が出てきた場合、リストの横にチェックマークをつけて、マーカーテープを剥がしていきました。

このプロセスは、バトル先生が意図的に計画したものです。先生は、生徒たちが文章の複数箇所を引用しながら質問に答えるというのは難しすぎると知っていました。先生は、彼らが成功するための手助けを行ったのです。たし算を使ってかけ算を教える場合と同じく、バトル先生は「物語には何人の登場人物が出てきますか?」と「質問と答えの関係」の「本文読解」を繰り返しながら、「思考と探索」について説明をしたのです。

最初に登場人物が出てきたときに印をつけた生徒は、最初の文章に戻り、印をつけたところを数えることができました。別のグループの生徒は、単にリストの文字を数えるだけでした。どちらのグループも、教師（や仲間）による過度の支援がなくてもスムーズに文章全体から情報を見つけられました。

このようなバトル先生の授業から、生徒たちは文章には質問になり得る箇所があり、その質問の答えを効率的に探すためには、ルールと多くの探索が必要であると学ぶことができました。これによって生徒たちは、より多くの「思考と探索」に挑戦できるようになったのです。

授業を準備する際、実況中継のシナリオのように、少し修正ができるようなものが必要です。なかには、用意したシナリオの、何をいつ修正するのかについて知っていることが重要である、と言う人もいるでしょう。

私の経験ですが（一、二回ほど）、あまり知らないテーマで話をしなければならなかったことがあります。私はそのテーマについては知識不足でしたので、「これ以上誰も質問をしなければいいのに」と思ったことを覚えています。しかし、私たちは、授業において変化球がやって来ることを常に想定しておかなければなりません。

教育、とくに専門的な学習活動で使用される一般的な比喩は、道具箱の中に多くの道具を持っているというものです。そして、それを使いこなすコツは、常に準備ができていて、いざというときに必要なものが取りだせることです。

私たちは、道具が多ければ多いほど、より良い準備ができていると感じます。私たちの多くは、学習内容に関連する道具をたくさんもっています。たとえば、生徒が内容を覚えやすいように、「語呂合わせ」、「頭字語」、「面白い言い回し」といった道具を授業で使っています。

さまざまな種類の質問を用意しておけば、生徒が学習する際にさまざまな見方を広げることができます。「どのような証拠があるのですか？」などといった「根拠型」の質問（一五〇ページの**表6−1**を参照）は、「あなたの思考プロセスはどのように変化しましたか？」などの「感情型」の質問とはまったく異なる思考プロセスです。生徒が学習を振り返るとき、どのような角度から行ってほしいのかについて考えておきましょう。

また、適切なタイプの質問を使うようにしてください。たとえば、生徒がもっとしっかりと学習活動に取り組む必要がある場合は、学習内容の質問をするのは効果的とはいえません。学習活動の細部に注目させるような質問が、生徒を正しい学習の道へと導きます。

ある生徒が、早く課題を終わらせたいために急ぎすぎて、思ったよりも課題のできが悪かったとします。「課題で不十分だと思うものは何ですか？」というように、思考プロセスについて考えられるような質問のほうが学習内容の細部に関する質問より適しています。

生徒たちは質問を導きだすために、「何が」と「どのように」の間に関係性（つながり）を見いだします。質問を理解してもらうために、「質問と答えの関係」を使ってそれらの関係性（つながり）を明らかにしたり、四つの質問と答えの分類を教えれば、それらで使用される用語をクラスの学習語彙に取り入れることができます。生徒に考えてもらう前に、教師がさまざまな種類の質問（一五〇ページの**表6−1**の「すぐに使える効果的な質問タイプ」）をあらかじめ用意して、六つのタイプに分類しておきましょう。

教師の存在を見えなくする

生徒中心の授業の流れを計画する

混乱を整理するには、きちんとした計画が必要だ。

メル・オドム（Mel Odom）
アメリカのＳＦ作家。
『トリプルX』（富永和子訳、角川文庫）などが邦訳されています。

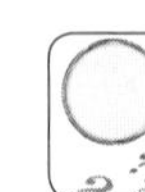

問題――教師が生徒の学びに介入してしまう

生徒が有能な学習者であれば、教師は彼らの邪魔をすべきではありません。しかし、生徒に「自立的に考えるバトン」をわたし、自力で走れるようにするのは教師が思っているほど簡単なことではありません。

教師は、たとえ介入すべきでない場合でも、いつでも生徒の学びに介入する理由を探しています。学習中に教師が目立ちすぎると生徒の学びは教師のものになり、生徒は教師に、過度に依存するようになってしまいます。

私たちの目標は、決して依存する学習者を育てることではありません。教師には、自らがリードすることなく、生徒が学ぶ喜びを体験できるような環境を絶えず整え、彼らが学習の手順を知っている状態にする義務があります。

数え切れないほどの教師が「教室の主導権を手放すことは難しい」と言っている様子を、私は目にしてきました。よくあるのが、授業の活動順や授業計画を優先するために教師がまず全体に説明を行い、その後、いきなり個々の学習に入るというものです。このような授業計画は、容易でしょうが、生徒が授業内容をしっかり理解することを目的とした場合は効果的とはいえません。

クラス全体へ授業の説明を行っている間、自立的に考えるバトンを持っているのは教師となります。その後、教師が言ったことを生徒に復唱させるわけですが、もし内容が複雑であった場合は、クラス全体への指導から個別学習へと移す必要が出てきます。そこで、生徒自身が意味を理解するための力が必要になってきます。

「私がします（教師による指導）」から「あなたが一人でします（生徒の個別学習）」への移行[1]は、徐々に行われるべきです。自立した練習や個別学習への移行が早すぎると、かなりの確率で生徒は苦労します。生徒が個別学習をするとき、分からないことを理解するための唯一の方法は、教師の助けを借りて、困惑度を軽減するという選択肢しかありません。つまり、学びの主導権の一部を再び教師に戻すということです。

生徒が完全に自力で学習できるようになるまで、つまり教師に助けを求める段階にいくつかの支援体制があれば、生徒は困難な状況に直面しても耐え抜くことができます。

その一つが、生徒同士の協働学習です。もし、生徒同士の協働学習を選択肢としていない場合は、数人の同じ悩みを抱える生徒を集めて「教師がガイドする指導」を行うことができます。こ

（1）この「教師による指導」から、「教師がガイドする指導」と「協働学習」を経て「個別学習」へ徐々に学びの責任が移行するモデルについては、『「学びの責任」は誰にあるのか』で詳しく紹介されています。

の場合の教師は、あくまでも生徒たちの学習パートナーとなります。

あなたが教員研修会に参加し、ある講師の講義を聴いているとします。そのなかから刺激的な情報を得たら、ほとんどの教師がそうであるように、あなたはほかの教科や学年の教師とその情報を共有し、自分の応用案を投げかけたいと思うはずです。たぶん、「あなたはどのように思いますか?」、「これを自分たちの学校で使えるようにするためにはどうしたらいいと思いますか?」、「その情報は、私たちが現在考えていることや行っていることと、どのような点で適合／矛盾していると思いますか?」などの質問をしながら提案するでしょう。

提供された情報を実際に考えてみたり、使い方を計画するための時間をもつことはとても大切です。もし、そのような時間が与えられない場合は、ほとんどの教師が職場の管理職にその時間を求めるでしょう。なぜでしょうか?　それは、協働的な学習活動が自然な学習プロセスの一部だからです。そのなかで、新しい情報の理解とそれを実際に活用するための方法という建設的な質問も引きだされます。

あなたは、一人で考えて、すべて納得できましたか?　その一方で、管理職と話したいと思いましたか?　おそらく、両方ともないでしょう。同じような立場にいる同僚との会話があなたにとっては十分な支援であり、新しく学んだことを実践で応用する方法を明確に示してくれるのです。生徒も同じなのです。ほかの生徒と考えを共有することは、あるテーマについて深い理解を築くための効果的な方法なのです。

協働することを目的にした会話の欠如は、私たちの学びにとって明らかに問題となります。生徒が自分の学びを最大限にいかせない理由は、教師が「教える」ことが好きだからです。多くの教師は、授業で「教える」ことをしなければ罪悪感を抱くでしょう。しかし、これは、教師の目標である「自立した学習者を育てる」という信念からすると矛盾となります。授業において、教師が教えることは生徒の学びの中心とはなりません。模範的な教え方は生徒の学びを活性化させますが、常に生徒の学びを導くことにはならないのです。

私たち教師は、生徒が話す授業では、「教師が仕事をしていない」と誤認しています。このような感じ方は、とくに管理職が教室に入ってきたときに高まります。生徒はとても熱心に学習活動に専念し、授業は計画どおりに進んでいますが、それでも教師は、生徒の学びをリードしなければならないという責任を強く感じてしまうのです。なぜなら、教師だからです！　教師である人が、教えていないなんてあり得るでしょうか?!

学習面における生徒の成功例を紹介している Twitter のチャットや YouTube の動画がありますが、これらは、授業において生徒が話す時間を増やすのに役立っています。しかし、生徒が学び方の手順と授業内容を同時に自力で理解するのは難しいでしょう。このようなことが増えれば、授業が「空振り」に終わる可能性が高まります。その失敗によって、教師は学習内容について話し合いをする能力が生徒にないと確信してしまい、伝統的な指導法に戻ってしまいます。

もし、生徒に、夢中になってその教科に取り組み、繰り返し自分の思考について考え、つながりを構築してもらいたいと思うなら、生徒の邪魔をしない方法を見つけなければなりません。教師には、自分の存在を見えなくする必要があるのです[2]。

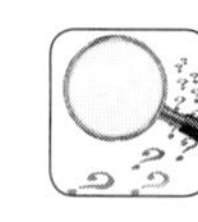

ハック――教師の存在を見えなくする

「真の生徒たちの学びには、教師が教えることは必要とされない」という事実を忘れてはいけません。私が観察してきた最高の授業は、生徒自身が教師になるものでした。このような理想的な授業をする唯一の方法は、教師が身を引き、存在を消して、生徒が学びのオウナーシップをもって、ほかの生徒の学習まで支援できるようにすることです[3]。そのためのよい方法は、生徒を中心とした授業のガイドラインの使用です。

生徒が授業に夢中になって取り組める方法はありますし、そんな授業でなければ教室は混乱します。

生徒は、話し合って情報を理解することで、スキルや概念に関する理解を深めます。会話のなかで自然な疑問や思考が生まれ、それらを明確にすることを助けます。理解が深まれば深まるほど、その知識を関連性のあることに、あるいは馴染みのない状況で使います。これが、学ぶことの究極の目的です。簡単なことのように聞こえますが、教室での協働学習を成功させる（しかも、教師が生徒の邪魔にならないようにするため）には、計画と練習が必要なのです。

生徒が授業に夢中になって取り組める方法はありますし、そんな授業でなければ教室は混乱してしまうのです。

ほかの生徒と一緒に考える機会を設けるための方法には事欠きません。(4) 難しい考えや複雑な考

（2）　ここで紹介されている「教師による講義」、「教師がガイドする指導」、「協働学習」、そして「個別学習」についてそれぞれ詳しく紹介され、かつそれらのバランスと移行の大切さについて詳しく紹介されているのが『「学びの責任」は誰にあるのか』です。

（3）　この段落で書かれていることが詳しく書かれている本として、『あなたの授業が子どもと世界を変える』、『最高の授業』、『たった一つを変えるだけ』、『「おさるのジョージ」を教室で実現』、『退屈な授業をぶっ飛ばせ！』、『教育のプロがすすめるイノベーション』、そして『イン・ザ・ミドル』などがあります。下のQRコードを参照してください。もし、生徒の学ぶモチベーション、エイジェンシー、オウナーシップ、エンパワーメントを高められないと、教師が授業を通して行っていることは「従順・服従・忖度」の練習になってしまいます。

えに取り組むなかで忍耐力と自己効力感が身につきますし、それらは授業だけでなく将来においても役立ちます。教師は、生徒が教師に頼ることなく、何をすべきかを考えるための指針を与えるべきです。基本的に、教師がしっかりと授業を計画し、整った学習環境の提供ができれば、安心して教師の存在を消すことができるのです。以下において、生徒同士の相互依存を促進し、グループ内の全員が学習に責任がもてるようになるための方法を紹介します。

ジグソー

効果的なジグソー(5)には三段階あります。それぞれが、協働学習の段階で明確かつ重要な目的をもっています。ジグソーの効果を最大限に発揮するには、必ず三つの段階を踏むようにしてください。文章を理解するということが文章全体を構成する順序に従うことを意味するのであれば、「ステップ1」から「ステップ3」の前に「ステップ4」を生徒に読ませるというのは意味がありません（一八九ページからを参照）。

ジグゾーは、一つのまとまった文章をいくつかの部分に（相互関係がほぼ皆無の形で）分類して、再構成されている場合に最適です。その場合なら、課題となる文章を分けることで生徒はそれぞれを個別に要約できますし、それぞれの部分について深い理解が得られます。これら各部分の要約は、文章の全体像を捉えるために統合されて一つにまとめられます。

パート１――エキスパート（専門家）・グループ

文章をいくつかに分け、各生徒に学習を担当する部分を一つずつ割り当てます。同じ部分を学習している生徒同士でグループに分かれ、割り当てられた部分の意味が十分理解できるだけの時間を与えます。これらのグループに「見える化シート」(6)や「要約シート」をわたして、生徒たちが担当部分のメモを取ったり、理解するための支援を行ったりします。これらは、ジグソーの「パート２」で行う学習活動の土台となります。

それぞれのエキスパート・グループのメンバー一人ひとりが、自分たちの課題について話せる

---

(4)『私にも言いたいことがあります！』の九八～一〇三ページには、ペアや小グループで考え／話し合う学習活動が一五以上紹介されています。

(5)「ホーム」グループの各生徒が、あるテーマの一面に特化して学習することができる協働学習法です。生徒は、同じテーマを担当するほかのグループのメンバーと会い（「エキスパート（専門家）」グループと呼ばれます）、学習内容を習得したあと、「ホーム」グループに戻ってメンバーと学習内容を相互に教えあいます。この方法により、「ホーム」グループの各生徒がテーマに基づいたパズルのピースの役割を果たし、全体として協力することで完全なジグソーパズルをつくりあげることができます。ここで紹介されているステップは、典型的な進め方とは異なる応用編です。これを使った実践例が、『ピア・フィードバック』の第６章で詳しく紹介されていますので参照してください。

(6)生徒が学習内容を理解しやすいように作成されたワークシートです。

ことが重要です。この時間を短くしたり、この段階を急がせたりしないでください。準備のできていない生徒が一人でもいると、「パート2」において教室が混乱してしまいます。この段階は、全員が次のステップに進む準備ができていることを確認するために役立つ、形成的評価の時間なのです。

パート2――ティーチング（互いに教えあう）・グループ

生徒は、各エキスパート・グループから一人ずつティーチング・グループ(7)に加わり、新しいグループに分かれます。各グループは、エキスパート・グループで話し合った内容や学んだ内容をティーチング・グループで共有することを課題とします。

彼らは、ノートの使用ができます。また、ティーチング・グループの生徒はノートを取ることになっています。生徒は一人ずつ自分が持っているパズルのピースを新たな仲間と共有し、すべての内容をジグソーパズルのようにつなげていきます。ここでの目標は、各メンバーがお互いの学習内容を学んで全体像

ヒント！
エキスパート・グループとティーチング・グループを割り当てる際には、どの生徒がサポートできるパートナーを必要としているか考慮してください。英語を母語としない英語学習者やエキスパートになるのが難しい生徒は、誰かとペアにして取り組ませてください。

をつかむことです。

パート3――ビッグピクチャー（全体像）・グループ

生徒に、再度エキスパート・グループに戻るように指示します。文章の一部分にしか注目していなかった各生徒が元のグループに戻り、今まで取ってきたノートや会話をもとにしてエキスパート・グループでシェアすることによって文章全体の把握ができれば、より深く理解できるようになります。「パート３」では、ティーチング・グループで分からなかった部分が明確になるほか、ほかの生徒と協力しながらその部分を理解する機会がつくれます。

円卓討論

グループの各メンバーからの意見を取り入れるために、生徒は一緒に学習活動を行います。シンプルな書き込み用紙（テンプレ

（７）　通常のジグソーでは「ホーム・グループ」と呼ばれています。

グループが同時に学習活動を終了しない場合は、テーブルにフィードバックの質問をあらかじめ置いておき、それらについて考えたことを仲間と共有してもらいます。

ート）を使って、全員の意見を記録します。この方法は、物事の捉え方、文章の要約やまとめ、そのほかの複雑な考え方を学習する際に役立ちます。

マーカートーク

（生徒同士が）書くことを通してコミュニケーションをとります。この学習活動は、ブレインストーミング、要約、そして学習を深めるときに使用します。生徒に考えてほしい質問やテーマを教師が用意し、生徒はその質問やテーマを大きな紙の中央に書きます。そして、お互いの考えをまとめて、全員が同時に書ける人数のグループをつくります。最初は三人から五人のグループがよいでしょう。

各グループのメンバー一人ひとりに、異なる色のマーカーを用意します。マーカートークをはじめる前に、生徒はマーカーを使って自分の名前を用紙に書きます。これは、教師が生徒の考えを追跡するためのカギとなります。

ヒント！
グループで考えをまとめれば、生徒が意識的に学習する姿勢を保つことができます。
生徒がエキスパート・グループから出て、ティーチング・グループで学んでいるときは、すべての学習者は同じスタート地点にいます。

タイマーを設定して、黙って生徒たちの考えを用紙の上に書くようにします。書くことによって生徒たちは、ほかの生徒の考えにつなげたり、コメントをつけたりします。この学習活動の利点は、普段発言しない生徒に書くことを通して発言する機会を与えたり、考えるのに時間を必要とする生徒に対して、そのための時間が与えられることです。紙に書かれたものを読んだり、書いたりするのに忙しいため、書くタイミングが遅れる生徒がいても目立ちません。

質問の数やテーマの数を変えれば、この学習活動に変化を与えることができます。各グループが同じ質問に答えられますし、テーマを回せば複数の質問やテーマについて考える機会を与えることもできます。目的や時間にあわせて、この手順を変えるようにしてください。

あなたが明日にでもできること

授業の中心を教師から生徒への反転は、計画的に進める必要があります。協働学習から非常に大きな学びを生徒は得ますが、それを実現するためには、協働学習に必要なスキルを生徒に教え、練習を積み、そして繰り返し実践していく必要があります。ここでは、しっかりとした手順と、それらのスキルを生徒が練習する方法を示していきます。

教師の話は一〇分以内に一度やめて、生徒にペアで話させる

生徒に落ち着きがなくなったり、集中力が切れたりしたら、素早く「ターン・アンド・トーク」（二人で交互に考えを述べあう学習活動）を行ってみてください（一一二ページも参照）。生徒は、考えを処理したり、言い換えたり、つなぎあわせたり、予測したりすることができます。

集中力が切れている場合は、三〇秒から九〇秒ほど、パートナー同士が考えを共有するために時間を費やしたほうが効果的です。

ターン・アンド・トークをハックする

「ターン・アンド・トーク」（二人で話し合う）を「ターン・アンド・アスク」（二人で質問しあう）に応用すれば、生徒は「聞くこと」と「話すこと」の練習をしながら「ターン・アンド・トーク」のスキルが強化できます。

まず、生徒Aに生徒Bから質問をさせます。会話の初期段階では、質問を考えるよりも実際の会話に重点を置いているため、生徒Aに対して、あらかじめ用意した質問を与えてもかまいません。この学習活動では、最初に話しはじめる生徒を教師が選べるので、普段発言しない生徒が会話に参加しやすいという利点もあります。多くの場合、おしゃべりな生徒が生徒Aに立候補するでしょう。

おしゃべりの生徒Aが発言しすぎないように、まずは生徒Aが生徒Bに対して質問を投げかけます。通常の場合、会話に参加するのを遠慮してしまう生徒Bですが、質問に答えるという機会が与えられたので、結果的に会話を進めることになります。

生徒に向けるアイコンタクトに注意する

生徒がグループで学習活動をしている様子を観察するためにあなたが教室を巡回している場合、生徒の会話が聞こえるくらいの距離まで近づいてください。しかし、会話には加わらないでください。

教師が生徒とアイコンタクトを取ると、自然と会話が生徒同士のものではなくなり、生徒と教師の会話になってしまいます。教師が意図していなくても、なかには自分の考えを教師と共有しなければならないと感じてしまう生徒がいるからです。教師と考えを共有することで、自分たちがうまく学習活動を行っているのかどうかを確認したり、学んだ内容を教師に見せたいと思っているのかもしれません。

いずれにせよ、この時点で生徒は教師を必要としていませんので、彼らの会話に加わる必要はありません。目立たないように、あなたの存在を消しましょう。

効果的な協働のスキルをモデルで示す

もし、うまく学習活動ができていないグループがある場合は、教師として参加する代わりに、一時的に「生徒」として参加してください。席に座って、彼らの会話が滞るのを防ぐために、お互いが助けあえるように支援します。

もし、口数の少ない静かな生徒がいれば、「トラヴィス、私たちはまだあなたの考えを聞いていません。あなたの考えを聞かせてくれませんか？」といった質問をしてください。そして、トラヴィスが質問に答えるときは、あなただけとの会話にならないようにします。

トラヴィスは、おそらく最初にあなたに対して答えようとします。先ほど述べたように、アイコンタクトを取るのをやめれば、トラヴァイスはほかの誰かにアイコンタクトを取りはじめるはずです。そうすれば、生徒たちだけで会話を続けられますし、あなたはこっそり会話から抜けることができます。教師は、会話の内容ではなく、生徒たちがお互いに会話を続けられるように、協働のスキルを練習するための支援を（モデルを示す形で）すべきです。

協働学習を支援する質問をいくつか紹介します。

・ほかにどのような考えや視点がありそうですか？
・多くの考えが出ましたね。絞り込むには、どのようにすればよいでしょうか？
・十分な意見がまだ出ていないようですね。何が足りないのでしょうか？

・今は、全員が○○○○（学習目標）という目標を達成することを忘れないでください。全員が学習内容を理解していることを確認するためにはどうすればよいでしょうか？
・あなたのグループは、どのような目標を設定しましたか？　どのようにして、その目標を達成しますか？

クリップボードを使いながら生徒を観察する

生徒が協働学習をしているときに教師が直面する最大の課題は、介入したくなる衝動を抑えることです。そのために、生徒の名前、到達すべき学習目標、協働のスキルが記載されたクリップボードを授業中に持ち歩くようにして、メモを取りながら観察することに集中します。

授業を観察すれば、新出語彙の利用や会話のパターン、生徒がどのようにコミュニケーションをとっているのかなど、その様子に気づけます。また、手順を練習している場合は、生徒がその手順と役割について効果的に従っているかどうかを確認します。また、「ターン・アンド・アスク」をはじめる際には、生徒たちがそれぞれの考えについて徹底的に話し合えている根拠を探すことができます。

授業中に、すべての生徒の話を聞くことはできません。しかし、数人の話を聞くだけでもメリットはあります。たとえ、あなたが生徒と実際にやり取りをしなくても、指定席である教室の前方から離れて生徒の近くに移動して、生徒を安心させるようにしましょう。これは、教師の存在を目立たないようにするための方法の一つです。教師にはほかにやることがあると分かれば、あなたが近くにいるというだけで、自分たちの会話にあなたを引きずり込むといったケースは少なくなるでしょう。

音を使って、ルーティンの切り替えを合図する

普段の授業でルーティン（習慣となっている日課）を行う際には、言葉による合図をやめましょう。「片づけの時間です」と言う代わりに、音を使ってみましょう。音楽、チャイム、手拍子、ベルなどの音で、自分のものを片づけたり、次の学習活動の準備という合図にします。合図を音に置き換えることで教師の話す量を減らせますし、授業中に大切なことを説明する際、教師の言葉がいきたものになります。

話せば話すほど教師中心の授業になります。教師は、もっとも大切なときだけ話すようにしましょう。また、さまざまな目的のためにも音を使ってください。[8] たとえば、グループ全体に注意を喚起したり、各グループが取り組んでいるコーナーやセンターを切り換えたりする際にも音の使用ができます。また、音の代わりに教室の電気を点滅させたり、教師が手を挙げるといった行為も効果的です。

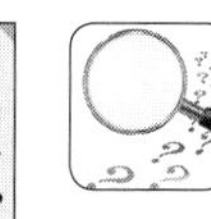

完全実施に向けての青写真

ステップ１　生徒をグループ分けする仕組みをつくる

協働学習のために、生徒をどのようなグループにすべきでしょうか。それを考えることが、教師の存在を消し、生徒中心の授業を行うための最初のステップとなります。この作業を、複雑で大変なことのように感じるかもしれません。教師の多くは、生徒の友人関係、学習レベル、得意なスキル、性格、学習態度、興味のあることなど、多くの要素を組み合わせてグループをつくっています。

生徒が中心となって取り組む学習活動の手順をしっかりと計画し、学年を通して使用できるシステムをつくれば、教師が存在を消し、生徒中心の授業が実現できます。「ハック１」で説明したように、「時計のパートナー」（二八ページを参照）は、さまざまな基準でペアやグループをつ

（８）　これらは、教室の中に用意されたいくつかの場所のことです。協働学習と「一人ひとりをいかす教え方」に欠かせない方法です。詳しくは『ようこそ、一人ひとりをいかす教室へ』を参照してください。

くる方法の一例です。もう一つ、図や絵などのマークを生徒の机に貼り、適当に割り当てるといった方法もあります。色紙に印刷された三角、四角、丸などのマークの中に数字（1・2・3など）を入れておくと三通りのグループがつくれます。そうすれば、マークで集まることができますし、オレンジ、青、緑といった色ごとに振り分けられたパートナーと学習活動が行えます。

この方法は、教科によって教室移動する中等教育の授業においてとくに人気があります。グループ分けをするためにさまざまな方法を使えば、短い説明で生徒をグループに割り当てることができます。たとえば、二八人のクラスにおいて、名前を呼びながら四人グループを七つつくるための説明を行うよりも、「色紙に書かれたマークの人を見つけて、青色の紙の人から学習活動をはじめてください」と指示するほうが簡単です。

教師の存在は、消すのが早ければ早いほどいいです。

ヒント！

助けを必要としている生徒をほかの生徒が支援するという目的で、クラスを小グループに分けないでください。そうすると、助けを必要としている生徒がいるすべてのグループに教師が介入することとなり、ほかの生徒に教師の存在を見せてしまいます。助けを必要としている生徒には教師の存在を見せたとしても、ほかの生徒には姿を見せないようにしましょう(9)。

生徒たちをグループ分けする方法を考えるのは大変ですが、それを事前に行うことには、授業全体の良し悪しを決めてしまうほどの影響力があるのです。

ステップ2　年間を通して使用する手順を選ぶ

常に、あなたが行うグループ分けの意図を考えてください。生徒が中心となって取り組む学習活動の手順を計画するためには、教師の存在をどの程度消すのかについて考える必要があります。たとえば、一人ひとりの生徒をいかす授業を行う場合は、学習内容、学習プロセス、成果物、学習環境に変化をつけることでメリットが得られるように生徒をグループにまとめるでしょう。(10)

また、生徒が挑戦的な課題に取り組めるようにするために、いくつかのグループをつくって選択肢を与えることもできます。たとえば、一人の生徒がエルボー・パートナーとペアになってから、別のペアに加わって四人になるようにします。違った考えを取り入れるために、さまざまな(11)

---

(9)　これは、支援の必要な生徒だけを集めて教師が指導することを意味します。詳しいやり方については、『「学びの責任」は誰にあるのか』の第3章「教師がガイドする指導」を参照してください。教師がこれをするためには、その間、ほかの生徒が何をしているのかが大事となります！

(10)　この極めて効果的な教え方・学び方については、『ようこそ、一人ひとりをいかす教室へ』を参照してください。

(11)　自分の肘の近くにいる生徒とペアになることです。

グループの組み合わせを考えるようにしてください。

どのような手順を選択したとしても、授業における教師の役割を把握し、生徒の学習活動に教師が介入しないためにどうしたらよいかを考えてください。もし、教師の存在を消す計画を立てなければ、いつの間にか生徒同士の話し合いを教師が独占してしまうことになります。

ステップ3　生徒に、授業内容と手順を別々に教える

生徒が中心となって取り組む学習活動の手順をあらかじめ計画する際の利点は、時間が節約できることです。朝のルーティンを生徒に教えれば、出席をとったり、欠席した生徒をチェックするような事務的なことに時間を割かずにすみますし、授業内容により時間を費やせるようになります。生徒が授業のルーティンに慣れれば、教師の存在を目立たないようにすることが可能となるのです。

生徒が新しいルーティンや話し合いの手順を学習しているときは、教科の学習内容と手順の学習を分けるようにしてください。協働的な学習活動を行いながら考えることに生徒が慣れるまで、簡単で楽しいテーマを与えて話し合うようにします。たとえば、生徒にとって意味のある質問の仕方を学習している場合であれば、その質問の特徴のみに焦点を当てます。幼いときの記憶について話してもらったり、親しい親戚について説明してもらったりします。

このように、生徒が常日頃考えていること以外のテーマを選択します。そうすれば、生徒は自らの経験をあてにすることなく、「しっかり聞くスキル」を使って適切な質問をするための練習ができます。

また、すぐに複雑な文章を議論させたり、難しい課題を与えたりしないでください。生徒は、新しい手順と新しい学習内容を同時に習得できません。手順に慣れやすいように、手順と学習内容の習得を分けてください。生徒が手順を習得すれば、あなたはそれを使って学習内容を教えることができます。さらに、生徒が手順に慣れればそれに沿って自分たちで学習活動もできますし、その結果、教師の存在を簡単に消すことができます。

ステップ４　協働学習（グループワーク）の手順を練習する

生徒がチームで協力して活動できるように、学習の手順が計画されていることを伝えてください。教師の役割は、一人ひとりの学習の様子を観察して、それぞれの強みや頑張り、成長・進歩、課題やつまずきに気づくことです。もちろん、課題やつまずきに関しては、生徒自身で解決できるように、生徒同士が助けあったり、教師がモデルを示したり、一緒に考えたりします。

生徒たちは、教師にではなく、お互いに助けを求めるべきです。生徒が新しい手順を学ぶ際は、一日または一週間を通して続けるようにします。学習のルーティンを確立するというのは、生徒がそれを自然に使えるようになるということです。そうなれば、生徒たちはより複雑な課題に取り組めるようになります。そして、教師の存在を消すことを心がけてください。

・生徒にルーティンの手順を明確にする必要がありますか？
・必要な資料や道具はすべてそろえていますか？
・学習課題を完了させるタイミングは適切ですか？

このようなルーティンを繰り返せば、生徒は教師に質問するのではなく、自分たちで話したり聞いたりするようになります。

手順を練習する過程において、グループのなかでどれだけ生産的な学習活動をしているのか、またどれほど教師に頼るケースが少なくなってきているのかに注目させてください。教師の存在を消そうとしていることを秘密にする必要はありません。課題を辛抱強くやり抜くという目標と、彼らが直面するかもしれない混乱を乗り切るために、手順を使用することを生徒と共有してください。

生徒たちが慣れ親しんだテーマでルーティンを教えることからはじめ、そのあとで生徒が慣れてきたルーティンを使って、あなたが教えたいテーマについて考えさせるようにしてください。そうすれば生徒は安心して課題に集中できますし、教師は透明人間になれます。

ステップ5　手順は生徒のフィードバックを得てから調整する

効果的な手順とするためには、何度も試す必要があります。あなたが試した学習活動の手順に関して、生徒にフィードバックをしてもらうための時間を取ってください。質問内容の例としては、以下のようなものがあります。

・この手順の利点は何ですか？
・この手順の短所は何ですか？
・全員の学習を支援するために、この手順をどのように改善できますか？
・この手順はほかの授業でも効果的ですか？
・この手順でもっとも効果的でなかった部分はどこですか？　その理由は何ですか？
・今後、この手順を使うためにはどのように改善したらよいでしょうか？
・この手順を次回使うとき、どのようなことに注意すべきでしょうか？
・あなたのグループが、協力して学習活動ができた理由は何でしょうか？
・あなたが「教師の助けが必要だ」と言ったとき、あなたのグループはどのように反応しましたか？
・あなたが助けを求めたとき、本当に助けを必要としましたか？　なぜ、そう思いますか？

生徒からのフィードバックをもとにして手順を修正してください。生徒には繰り返しフィードバックをしてもらい、それに基づいた修正によって生徒の学習が改善されたかどうか、あるいは別の方法を試したほうがよいかなどを判断してください。

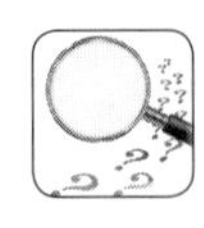

課題を乗り越える

生徒中心の学習活動が完璧に進まないと、それをやめたくなるものです。また、授業の主導権を教師が手放すこともなかなか難しいと思います。それゆえ、教師のなかには授業でうまくいかない理由を正当化してしまう人がいるかもしれません。授業において教師の存在を消し去ることは決して簡単ではありませんが、あきらめずに試し続けてください。

課題1　早めに学習活動を終えてしまい、これ以上することがないというグループがあります。

いくつかのフォローアップの質問や応用問題を用意しておくと、早く学習活動を終えたグループが手持ち無沙汰にならなくてすみます。たとえば、グループで算数・数学の問題を解いている場合、同じような問題を作成しておいて、別のチームに解き方の説明をするといったことをフォローアップの学習として準備できます。また、生徒が文学について学んでいる場合であれば、物語のなかの出来事を別の視点から考えてもらいます。

グループの生産性を維持するためのもう一つの方法は、自分のチームの有効性を生徒に評価してもらうことです。どのような協働のスキルをうまく使えたか、また次回のグループ活動においてどのような目標を設定したのか、などです。

今行っているグループ活動が次の学習活動とつながっている場合と、一定のゴールが達成できていない場合のみ、グループ活動の時間を延長してください。生徒がブレインストーミングをしている際、全チームがアイディアを出し切るまで時間を与える必要はありません。学習テーマに関心がもてたタイミングで活動にストップをかけると、次の授業にその関心をいかすことができます。

課題2　学習活動を一人で行ってしまう生徒や、座っているだけで何もしない生徒がいます。

協働学習とは、単に生徒をグループに分けて、そのグループで課題を終わらせるだけというものではありません。協働学習には二つの目的があります。

一つ目は、ほかの人と効果的にコミュニケーションをとるために必要となる話すスキルと聞くスキルを強化することです（「ハック4　ピンボール名人になる」を参照してください）。二つ目は、生徒一人ひとりが学習内容や学習方法についての理解を深め、個人で学習できるようになることです。常に目標となるのは、生徒一人ひとりが学んでいるか、ということです。

グループのなかの一人が授業の主導権を握ってしまうという状況を避けるためには、全員の生徒に学習の責任を意識させる必要があります。かといって、「教材係」や「タイムキーパー」のような表面的な役割を割り当てるといったことを提案しているわけではありません。

たしかに、これらの役割は、グループでの学習活動を生産的なものにするために必要とされているものです。しかし、これらの役割では積極的な思考を必要としませんので、責任ある学習とはいえません。

それぞれの生徒に学ぶ責任を自覚させるためには、二つの方法が必要となります。まず、グループ全体の目標を達成するために、各グループのメンバーが学習した内容を共有する学習活動を取り入れましょう。たとえば、「ジグソー」、「円卓討論」、「互いに教えあう」[12]がその例として挙げられます。

二つ目の方法は、生徒がグループで情報を共有しながら、各メンバーが独立して学習できるようにすることです。「ギブ・ワン・ゲット・ワン」[13]の学習活動を行えば、生徒はほかの生徒から得た情報をもとにして自分の理解を深めることができます。

課題３　教師の仕事は生徒を助けることです。

生徒を助けることと、生徒のために教師が課題をこなしてしまうことを混同しないでください。目標とするのは生徒が学ぶことであって、教師がロックスターのような主役になることではありません。

教師から生徒に提供できる最大の手助けは、知識を習得するためのスキルを身につけることです。それを達成するために、教師は存在を消す必要があります。単に課題を完了させるよりも、困難を乗り越えて成功するほうが生徒にとっては有益です。教師の手助けが、生徒の課題を単に終わらせるようなうわべの支援なのか、もしくは今後の学びにつながるような深い学びを支援しているものなのか、よく考えてください。

課題４　あるグループを支援しているときにほかのグループが助けを求めるので困っています。

グループを助けるために教師が教室を駆け回るという姿、これにはいくつか問題があります。

・生徒が困難に直面することを苦手としているように、教師も困難な状況には耐えられないも

---

(12)　ジグソーは一七八～一八一ページ、円卓討論は一八一ページ、互いに教えあうは二六八～二七〇ページを参照してください。

(13)　一〇七ページの**表４－３**を参照してください。

のです。生徒が課題を克服するためには、生徒自身が困難と格闘しなければなりません。問題に取り組む時間を長くすればするほど、生徒にはスタミナや忍耐力がつきます。教師は、生徒が努力しているとき、あるいは前進する可能性があるとき、そのことを意識する必要があります。そして、むやみに手出しをせず、生徒の力を信じて生徒に任せるといった姿勢が教師には必要です。

・助けを求めやすいようにと、教師が生徒に近づきすぎています。教師はまったく見えない存在になるべきだ、と言っているわけではありませんが、スタンバイして生徒が質問をしてくるのを待っている必要はありません。もっともよくないケースは、グループに近づいて、「何か質問はありますか？」と尋ねてしまうことです。もし、生徒が質問をしたい場合でも、まずはその生徒自身で問題に対処させる必要があります。

課題5 生徒たちは、教師の話を聞くときにより良い学習ができると言います。

たしかに、「教師がすべての学習内容について話すのを聞くほうがいい」と言う生徒もなかにはいるでしょう。しかし、そのような意見を受け入れないでください。表面的なレベルの知識を身につけるのであれば、短期間で教師が直接的に指導することにメリットはあるでしょう。しかし、その方法では、生徒に深い理解を提供することはできません。

生徒自身が自分の脳細胞を成長させる必要があるわけですが、それはただ教師の話を聞くだけではできません。自分自身で考えなければならないのです。

実際にハックが行われている事例

私が見学したニューヨークのある授業では、教師が存在を消すために「ギャラリーウォーク」[14]という方法を活用していました。

中学校の社会科の教師であるディーン・ブーラゼリス先生は、「大航海時代前の世界は、どのようにつながっていたのか？」というカギとなる質問で授業を行っていました。授業の前に先生は、教室のあちこちに地図を掲示し、さまざまなコーナーをつくりました。それぞれの地図には交易路が描かれていました。

ブーラゼリス先生は、「見て・考えて・疑問をもつ」[15]の手順を使ってギャラリーウォークを計

(14)　教室内にギャラリーのような空間をつくり、自由に歩いて回りながら、各チームの成果物を見たり、議論したり、評価したりする、発表やフィードバックの方法です。

(15)　図や物体を見て、観察し、その観察から得られた情報を考え、質問や気づきを生みだしていく方法です。

画しました。まず先生は、クラス全体に「見て・考えて・疑問をもつ」を自らやってみせました。授業前に行った「授業研鑽チーム」の打ち合せのとき、先生は「生徒が『相互につながる』の意味を知っているかどうか分からない」と話していました。そこで先生は、国語の時間で学んだ接頭語と接尾語の知識を生徒が使えるように、「相互」と「つながる」を分けて考えられるように計画しました。

クラスは五つのグループに分けられ、各グループが一つの地図を担当しました。それぞれの生徒はクリップボードとメモ用紙を持ち、地図から何に気づいたのか、それらの観察からどのような結論を導きだしたのか、どのような質問を思いついたのか、について記録していきました。

最初の地図の確認が終了すると、次の地図への移動を促すタイマーが鳴ります。五つの地図に対して、それぞれ五分ずつ費やすように計画しました。二五分間、七年生のクラス全員が地図を見て観察していきました。地図から地図への移動はたった二秒で、教師が余計な指導に費やす時間はありません。生徒は、気づいたことに基づきながら協力して結論を導きだしていました。

生徒がこのような活動をしている間、ブーラゼリス先生は何をしていたのでしょうか？　先生は楽しみながら生徒を観察し、生徒たちの会話を聞きながらメモを取っていました。教室はリラックスした雰囲気となり、生徒たちは熱心に学習活動に取り組んでいました。

地図を見て気づいたところや疑問に思ったことが、生徒たちの会話を深めていました。ブーラゼリス先生は、生徒たちがグループ内で本当に尋ねたい質問や自分にとって意味のある質問をして、地図のなかに明確な証拠を見つけようと協力していた様子を黙って観察していました。実は、先生が教室内を回っているとき、生徒たちは彼が近づいてくることにほとんど気づかなかったのです。そう、先生の存在が消えていたのです。

時折、先生はグループに質問を投げかけて熟考させたあと、すぐに離れた場所に移動しました。体の向きを変えて別の方向を向いていましたが、そのグループが彼の質問をどのように考えているのかを、こっそりと聞いていたのです。

さて、ブーラゼリス先生が発揮した超能力は何でしょうか？　それは、透明人間になることでした。

これまで教師が持っていた授業の手綱を生徒にわたして、すべての学習活動を任せる——簡単なことのように聞こえるかもしれませんが、学習活動を成功に導くためには、慎重かつ意図的に授業の流れや学習活動を計画する必要があります。

生徒中心の手順を使うということは、教師の仕事が少なくなるというのではなく、別の仕事があるということです。そのほとんどが計画の過程で行われます。慎重に授業計画を立てれば、生徒中心の授業をうまく進められます。また、授業の詳細な部分まで計画されていると、生徒がどのように何を学んでいるのかについて教師が気づくこともできます。このような生徒中心の授業になれば、生徒の自立心と自信を育むことができます。

教師の存在を消す授業を計画する際に考慮すべきことを以下で紹介しておきます。

・どのような規範を確立すればよいのか？　どのように生徒をグループ分けすればよいのか？
・生徒の学習活動の手順を計画するには何が必要か？
・どのようにすれば無駄な時間を最小限に抑えることができるか？
・どのような教室のレイアウトがこの手順には最適か？
・どのような資料や道具が必要か？
・グループで一つの成果物を作成するのか？　それとも各自が個別に成果物を作成するのか？
・手順が完成したあと、どのようなフィードバックを得たいのか？
・生徒が学習活動をしているとき、自分は何をするのか？
・資料や道具をどのように管理するのか？
・手順をどのように導入するのか？
・生徒が使う手順を改善するための修正点はあるのか？
・ほかに足りないものはないか？

生徒の思考プロセスという音楽に耳を傾ける

正解だけでなく、正しい考え方に注目する

雑音のなかでこそ、素晴らしい音楽が私には聞こえる。

ジョージ・ガーシュウィン
(George Gershwin, 1898～1937)
アメリカの作曲家です。

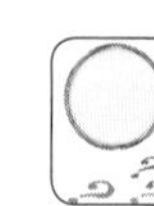

問題――生徒が正解を言えれば授業は理解できた、と教師が思っている

多くの教師が、考えや学習内容を理解しているかどうかを確認するために質問をし、生徒がそれに正解したことで「分かった（理解できている）」と錯覚しています。生徒の答えを学習内容の習得という判断基準にした場合、ほかの場面に応用できないことが問題となります。

論理的な思考や推論は、さまざまな場面で応用することが可能です。一般的に、ある質問に対して一度正解を知ったら、永遠に正解できると私たちは思いがちです。それゆえ、生徒が次の日に同じ答え（考え）を繰り返すことができなければがっかりしてしまいます。

生徒から正解を聞いた教師は、健全な思考プロセスを使ってその答えにたどり着いたと思っています。しかし、教師は、その思い込みを実際に検証することはほとんどありません。生徒に対して答えの「説明をするよう」に求めなければ、それはミュート（音声なし）状態でミュージックビデオを見ているようなものです。つまり、論理的な推論という子守唄のように、心地よい最高パートを聞き逃しているということです。

生徒は、推測して答えることもあれば、答えを暗記している場合もあります。また、過度な教師の助けによって正解にたどり着くといったときもあります（「ハック9　教師は生徒への支援を優先し、手取り足取り教えない」を参照）。

それだけに、間違った答えに対する教師の反応が重要となります。正解を求めている教師は、生徒の間違った答えを聞いて、「それは私が求めている答えではありません」とか「えーと……この質問でヘレミアを助けることができる人はいますか？」と言うかもしれません。生徒が深い学びをするためには、学習内容について誤った考えを明確にして、正しい方向へ転換するための機会が必要です。しかし、先ほどの教師の対応だと、その機会が失われてしまいます。また、このような教師の言動は、学びではなく、正解を言うことが優先されているというメッセージを生徒に伝えてしまいます。

ある生徒が正解を知っていれば生徒全員が学習したと思い込んで、教師は授業を進めてしまうことが多いものです。しかし、この場合、答えが分からない生徒はほかの生徒から教えてもらって理解したと勘違いしています。それに、答えを言えた生徒であっても答えだけを知っていた可能性が高いため、結果的には、どちらの生徒も新しい学習をしていないことになります。

さらに悪いことに、教師が正解だけを認めてしまうと、生徒たちのなかに固定マインドセットを強化させてしまいます。しかし、これに対する解決策は簡単です。正解だけを求めるといったやり方をやめればいいだけです。

ハック――生徒の思考プロセスという音楽に耳を傾ける

生徒が見事に正しい答えを言えたとき、教師の頭の中ではそれを祝福する聖歌隊の歌が鳴り響くことでしょう。逆に、生徒から不正解が次々と出てくると、経験豊富な教師の頭の中では警報が鳴り響いているのではないでしょうか。

教師は、生徒の答えの先にあるものに耳を傾ける必要があります。生徒がどのようにして答えにたどり着いたのか、背後にある音楽を聴くまで頭の中の聖歌隊やアラームをミュート状態にしてください。さらに一歩踏み込んで、思考プロセスを示すように生徒を促します。これにより、生徒がさまざまな状況でしっかりとした論理的な考え方ができるようになります。

それは同時に、「私はどうやってこの答えにたどり着いたのだろうか？」、「私の考えは筋が通っているのか？」、「私の予想したことに例外はあるのか？」、「私は確信しているのか？　それともまだ疑問が残っているのか？」など、生徒自身が学びについて考える機会を与えることになります。

生徒の思考プロセスを知るために、答えが正しいか不正解であるかにかかわらず、表情を変えずに「根拠型」の質問（一五〇ページの**表6－1**参照）を活用してください。あなたが表情を変えてしまうと、その様子が答えのヒントになってしまいます。そうならないように、どちらの場合でも「本当にそうですか？」といった、間違った答えの際に発する質問で確認をしてください。

正解だったとき、「本当にそうですか？」という質問に対して生徒が反応する様子を観察してください。この質問は「はい／いいえ」のいずれかの答えを求める閉じた質問（クローズド・クエスチョン）です。しかし、この質問をすれば、「はい（答えは合っています）」と容易に正解を認めずにすみます。低学年の生徒でも、この質問が「あなたの答えは間違っている」という大人からの暗示だと分かるので、しっかりとした自分の考えをもっていなければ自信をもって返答できないでしょう。

生徒の混乱と推測を避けるために、「どのようにしてその答えに至ったのですか？」といった質問を投げかけてみましょう。生徒は以前に習ったことをもとにして一般的な意見を言ったり、あからさまな推測による答えを言ったりしますから、思いも寄らなかった答えに教師は驚いてしまうことがあります。

たとえば物質の状態について学習しているとき、ガブリエルという生徒が「液体の分子は固体の分子よりも速く動きます」と言って、以前に習った授業内容を理解していることを示したとします。「ピンポーン、正解！」と、答えを求めている教師であれば思うでしょう。そして、液体と固体の分子の速度を対比したシンプルな答えで満足するかもしれません。

しかし、理科を担当しているエイミー・マイルズ先生のような熟練教師は、答えそのものよりも生徒がどのようにして答えを導きだしたのかに注目します。マイルズ先生が、正しい答えのあとに追加の質問をしたときのガブリエルの反応を見てみましょう。

ガブリエル　液体の分子は固体の分子よりも速く移動します。
マイルズ先生　例を挙げてください。
ガブリエル　人間は固体です。私は液体をたくさん飲むと速く走れるようになります。

この時点で、生徒の答えが正解からかなりずれていることに気づくでしょう。教師の頭の中では警報が鳴り響いているはずです。分子間の距離がどのように物質の状態を決めるのか、人体の物理的な動きとは関係ないことを教え直したくなります。しかし、再度生徒に教える前に、生徒自身に思考プロセスについて振り返ってもらいましょう。

生徒の答えが筋の通った思考プロセスに基づいたものなのかどうか（この

正しい考えや答えにたどり着くための思考プロセスという音楽を聞く練習をすれば、生徒が言う答えの根拠を、「耳に残るいい音楽」だと感じるようになるでしょう。

場合は筋が通っていません）を明らかにする質問をしてください。そうすれば、生徒がどの部分を本当に理解しているのか、また混乱しているところが明らかになります。ガブリエルは、物理的な動きを物質の状態に関連づけようとしたときにつまずきました。卓越した教師であれば、ガブリエルの推測に対して質問を続け、彼の思考プロセスという音楽に耳を傾けるはずです。

ガブリエル　液体中の分子が体のほかの部分よりも速く動くので、速く走れることを可能にさせます。だから、陸上競技の前に、コーチが私に対して「水分補給をするように」と言っていたことに納得できます。

マイルズ先生　さっき、人間は固体だと言っていましたね。飲み物は液体です。速く走ることが分子の動きにどのように関係しているのか説明してください。

ガブリエル　水分子と体の中の分子が混ざりあうと、足にある遅い分子の動きが速くなります。

マイルズ先生　混ぜるのですか？

ガブリエル　はい、そうです。

マイルズ先生　早く走るために分子を混ぜるとどうなるのですか？

ガブリエル　えーと、少し考えさせてください。やっぱり、私の考えは間違っているのかもしれません。

マイルズ先生　（少し間を置いて）どんな科学的な根拠をもとに、自分の考えが間違っていると思うのですか？

ガブリエル　もし、体内の分子が速く動きはじめたら、速く走れるのではなく、液体になってしまいます。

マイルズ先生　つまり、どういうことですか？

ガブリエル　分子の動きが速くなれば、どんな場面でも速く動くようになると思っていました。でも、実際はそうではないと思います。今、私が思ったのは……。

最初のガブリエルとのやり取りのとき、マイルズ先生の頭の中では警鐘が鳴っていました。そして先生は、ガブリエルが情報を単純化しすぎていることに気づきました。また先生は、ガブリエルが昨日の授業で習った固体、液体、気体の基本的な知識を間違って使っていることも分かりました。先生は、生徒の考え方が間違っていることを指摘する代わりに、本人がすでにもっている知識を正しい方向へ導くような質問をしたわけです。ガブリエルは自分なりの推論を立てていましたが、あまり深く考えずに答えていたわけです。

正しい考えや答えにたどり着くための思考プロセスという音楽を聞く練習をすれば、生徒の答えの根拠を「耳に残るいい音楽」だと感じるようになるでしょう。そして、生徒が正しい答えを出すだけでなく、自分の考えを再確認し、活用できるようにもなります。

あなたが明日にでもできること

生徒の正解に満足せず、正しい考えや答えにたどり着くための思考プロセスを確認するためには教師側の練習が必要です。次の授業の前までに、生徒の思考プロセスという音楽に耳を傾けるための方法を選んでください。

教師の盲点に注意する

あなたは、「生徒は当然分かっている」と思い込んでいませんか？　多くの教師は自分の専門分野に対して情熱をもっていますので、その分野の知識がない生徒の感覚が理解できません。初めて学ぶ生徒には分からない概念相互の関係も、教師にはすでに分かっています。専門家にとっては当たり前のことでも、素人にとっては当たり前ではないのです。

初めて学ぶ生徒の視点で、学習内容や授業を考えるようにしましょう。生徒にはあなたほどの知識がないことを念頭に入れておく必要があります。一見すると分かりやすく思えるような概念や知識も、彼らにとっては決してそうではないのです。

生徒の予備知識が不足していることを把握したとして、それを教科書でカバーするのは無理でしょう。(1)エアコンの修理屋さんが私の家に来たとき、こんなことがありました。修理屋さんは、エアコンの調子が悪い部分について五分ほど説明してくれましたが、私にはさっぱり分かりませんでした。つまり、専門家には素人の感覚を理解することができないという盲点があるのです。

蒸発器のコイルはコンプレッサーのコイルとは別物なので、修理屋さんはそれが氷結していないかどうかについて確認をしていました。私は続けて質問をしましたが、私の知っている知識とギャップが大きすぎたため理解できません。彼がエアコンのユニット内部に溜まった糸くずやゴミを見せてくれたとき、娘が衣類乾燥機の糸くずを集めるフィルターの掃除を忘れていたことを思い出しました。エアコンにゴミが溜まって動かない状態は、乾燥機を作動させたとき、終了するまでに時間がかかる場合と似ていると思ったのです。このような状態では、乾燥機もエアコンと同じくうまく作動しません。

私のエアコンは、何年もそのような状態だったのでしょう。私なりの解釈で問題が理解できたとき、修理屋さんは少し笑っていました。専門的な説明からは少し離れた解釈でしたが、少なくとも彼は、私が「理解できた」と思ったようです。

生徒たちに専門分野の知識がない場合、それを理解するためにどのような授業を行えばよいだろうかと想像してください。教師にとっては常識と思えるようなことでも、生徒からすれば、「真の理解を得ること」と「教師の授業にお付き合いをしているだけ」といった違いがあります。

あなたにとって当たり前のように思えることでも、生徒に対しては丁寧に説明するようにしましょう。初めて学ぶ人は、「自分は正しい道を歩んでいる」という肯定感を感じることで専門的な知識を身につけていきます。ここで述べている音楽は、学んだ情報を単に繰り返すことではありません。生徒は、正解を追い求めるだけでなく、さまざまな状況において自分の思考プロセスをたどっていく必要があります。

同じ生徒に連続して二つの質問をする

生徒が質問に答えたら、自分の考えを明確にするために「根拠型」の質問（一五〇ページの表６－１参照）をしてみましょう。次のような質問のなかから選んで、二つ目の質問をすることで生徒の考えが明らかになります。

❶それはどうやって分かりましたか？
❷それを証明することはできますか？

（１）　残念ながら、日本中の教室で起こり続けているのはこの状況ではないでしょうか？

❸あなたの根拠は何ですか?
❹どうしてそのように思ったのですか?
❺なぜ、確信できるのですか?

考える時間を与える

考える機会が与えられると、教師が促さなくても生徒は自分の回答を詳しく説明するといったことがよくあります。もちろん、これは利点ですが、もう一つ別の利点があります。この時間を利用して、生徒から聞いたことを教師が整理し、回答に対する反応について考える時間がとれることです。

正しい答えを肯定して次の質問に移りますか? 眉を下げ、首を傾けて、学習活動に戻るように指示しますか? 表情を変えずに、生徒とあなた自身に発言内容を振り返る時間を与えてください。生徒が自らの答えを正当化する際、教師には、その根拠を聞くための「沈黙の時間」が必要なのです。

メタ認知の質問をする

教師が生徒の思考プロセスという音楽を聞くだけでなく、生徒に自分の思考プロセスという子守唄を聞かせることも必要です。次に挙げるメタ認知の質問をすれば、生徒自身が思考プロセスについて考えられるようになります。

❶どのような方法を使いますか？
❷あなたの助けになる、すでに知っている知識は何ですか？
❸質問に対して、どのようにアプローチしますか？
❹どのような問題に遭遇する可能性がありますか？
❺どのような目標を達成したいですか？
❻どうすれば成功だと判断できますか？
❼間違っているかどうかについて、どうすれば判断できますか？

答えについて質問する

生徒が答えを探す様子にとらわれず、思考プロセスに着目する確実な方法は、最初に答えを与えてしまうことです。正しい答えや間違った答えを与えれば、生徒は根拠を説明しなければなりません。生徒に正解と不正解の両方を与えて、根拠を考えたり、生徒自身が間違った考え方をしたりしないように、あえて誤答に触れることも効果的です。

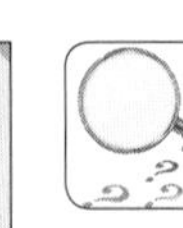

完全実施に向けての青写真

ステップ1　明確な学習目標がある授業を計画する

あなたの教育委員会では、「学習目標」を学習目的、学習のねらい、目標、授業目標などのさまざまな言葉で表しているかもしれませんが、どの言葉を使用するかは重要ではありません。重要なのは、どの言葉を使用するかよりも、学習目標を達成させるために教師がどのように質問をし、指導上の決定を行うかということです。

授業を通して、生徒に何を学んでほしいのか、そして教師が(2)(生徒自身も)(3)学んだことをどのようにして知るのかについて考えてください。次世代科学標準を含めた探究学習であっても、教師は学習目的のある授業を計画しなければなりません。成功した授業がどのようなものかを知っていれば、それを達成するためにどのような種類の質問をすればよいかが見えてきます。どのような音になるかが分からなければ、その音楽は聞こえてきません。

ステップ2　準備した答えとモデルを用意する

学習目標にあわせて、質問とともにそれに対する正解と不正解を選んでください。二二〇ページの**表8－1**を参考にして、どのモデルがあなたの授業に適切かを判断してください。

ステップ3　生徒の論理を暴くための質問を特定する

生徒の思考プロセスの音楽が聞こえない場合は、それを聞くために合図を送らなければなりません。授業の計画段階で、生徒が思考プロセスを示せるような質問を用意しておきます。「どうやってその結論に達したのですか？」などの「根拠型」の質問（一五〇ページの**表6－1**参照）をいつでも使えるように準備しておくと便利です。普段から考えを表現しない生徒がいる場合、このような質問を使って彼らの考え方を明らかにしましょう。

ステップ4　生徒の思考プロセスを挑発するためのフォローアップの質問をする

生徒の思考プロセスを進化させるために、次のようなフォローアップ質問が使えます。教師が

（2）工学と科学、数学と国語を連携させ、自分から学んだ知識をもとに、クラスメイトと協働作業しながら問題解決を図っていくためのスタンダードです。

（3）探究学習とは、生徒自らが課題を設定し、解決に向けて情報を収集・整理・分析したり、周囲の人と意見交換・協働したりしながら進めていく学習活動です。具体的なやり方については、『プロジェクト学習とは』と『PBL――学びの可能性をひらく授業づくり』が参考になります。

表８－１　準備した正解／不正解と学習目標

正解を与える場合	生徒ができること
正解がいくつかある。	・追加の答えを共有できる。 ・もっとも質の高い答えを決める基準を特定できる。
主な正解は一つしかないが、何通りか回答が考えられる。	・違った考えを聞いたり学んだりできる。 ・視野を広げることができる。
生徒は根拠を述べることを学んでいる。	・結果ではなく、思考プロセスに焦点を当てることができる。
根拠を引用することに焦点を当てる。	・自身の答えを証明できる。
学習過程や手順を強調する。	・答えにたどり着いた過程を、教科で使う言葉で説明できる。
不正解を与える場合	**生徒ができること**
特定の間違いがよく起こる。	・不正解を見分けられる。 ・簡単な間違いを避ける方法を明らかにできる。 ・ほかの生徒の間違いから学べる。
固定マインドセットが横行している。	・間違いから学ぶ経験を得られる。 ・難しい考えや問題に忍耐強く取り組める。
会話の仕方を教わっている。	・建設的かつ尊重しながら、同意しない方法が練習できる。
分析が学習目標である。	・ほかの生徒の根拠について批評できる。

質問を続けることで、答えにたどり着いたあとも生徒は考え続けることができます。

❶例外はありますか？
❷どのような問題が発生する可能性がありますか？
❸みんなが同じ考えだと思いますか？
❹ほかに解決策はありませんか？

課題を乗り越える

課題１　正解を知っているのに、なぜ根拠を生徒に示させて授業時間を使う必要があるのですか？

　正解を答えた生徒に「あなたはどのようにしてその結論に達したのですか？」と説明を求めたとき、「単に知っていました」と答えるかもしれません。あなたも、学習者としてそのような経験をしたことがあるのではないでしょうか。

　人生をうまく送るためには、自分の考えを伝え、協力して学習活動をしたり、相手を説得したり助けたりする能力が求められます。もし、ある状況において自分の考えを主張するだけの根拠が言えなければ、その意見が受け入れられることはありません。

このハックでは、生徒が正しい／間違った答えや考え方が応用できる方法を示しています。残念ながら、その方法を学んでいる生徒はほとんどいません。しかし、これらは、自分の考えを根拠づけるのにとても大切なのです。

課題2 生徒に不正確な答えとその根拠を与えると、誤った考え方を習得しそうで心配です。

生徒の考え方がよく理解できない場合、その考え方を単に抑え込んでも問題の解決とはなりません。最善策は、彼らの思考プロセスの間違いに正面から向きあうことです。誤解を招いている点を明らかにして、それを深く分析します。

教師が問題を繙く（ひもとく）ために質問を重ねていくことで、生徒は自分の間違った思考プロセスに気づけます。彼らが声に出して自らの思考プロセスを説明すると、記憶に残るだけでなく、不正解とされる回答を言ったときでも彼らの面目（めんもく）を保つことができます。さらに、考え直す機会が与えられれば、生徒は正解に導かれ、自信をつけます。そして、今後、より深く思考プロセスについて考える可能性が高まります。

生徒自身が誤解に気づき、誤りの原因を突き止めるように教師が手助けをすれば、生徒は同じような間違った考え方をしないようになります。また、「……なので、前は……と思っていました。でも、今は……と考えます」といった簡単な言い方を教えれば、生徒自身の成長を明確に表現させることができます。新しい学習が行われたあとに、生徒の理解がどのように変わったのかを定期的に確認し、促すことで考え方の間違いが認識できますし、その間違いから学ぶといった姿勢を習慣にすることができます。

課題３　テストは生徒の正しい思考プロセスではなく、正解かどうかに焦点を当てています。

教師はテストのためではなく、人生において必要なスキルを教えたいと思っているはずです。たしかに、テストの点数や成績といった「結果」が重要であることも事実ですが、学習過程において生徒が学ばないような授業は理想的な学習とはいえません。教師が正解だけに関心がある場合は、正しい思考プロセスを学ぶといった機会を生徒が逃していることになります。

誰かが思考プロセスの根拠を説明したとすれば、その思考プロセスは生徒たちの記憶に残り、その誰かが言いたいことや、その理由が理解できます。私たちは、生徒の答えを聞いているときにも、彼らの考えを明らかにするように求めなければなりません。正しい思考プロセスは正解を導きますが、必ずしも「正解」が正しい思考プロセスの結果ではないのです。

課題４　一人の生徒が長々と話すと、ほかの生徒は退屈します。

すべての生徒が、自分の考えの根拠を述べられるようにしてください。以下に挙げるような説明を促す質問をし、「責任ある話し合い」[4]を使って思考の理由づけや正当化について生徒を指導します。

❶どうやって分かったのですか？
❷あなたの考えの根拠は何ですか？
❸あなたの推論のプロセスを説明してください。
❹なぜ、そう思うのですか？
❺どうやってそれを証明しますか？

九〇秒間で「ターン・アンド・アスク」[5]をすれば、すべての生徒に答えとその理由を共有する機会が与えられます。そうすれば、受動的な聞き手ではなく、能動的な思考者を育てることができます。

「ハック1　質問に対して、全員の手が挙がると想定する」では、すべての生徒が学習に参加できるための方法をいくつか紹介しました。それらを活用して、生徒が学習中に自分の思考プロセスを考えられるように手助けしてください。

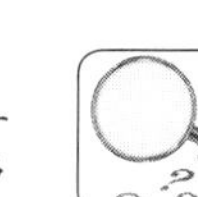

実際にハックが行われている事例

サラナック小学校は私にとって大切な場所です。校長として、そして現在はカリキュラム責任者として一三年間も働いたところで、「第二の家」と言ってもいいぐらいの場所です。

幼稚園年長組[6]の教師であるバーバラ・チザウスカス先生は、五歳の子どもたちが一生懸命考え、自分の学習について、ほかの人に明確に伝えられるような授業を行っています。多くの生徒が正式な教育を受ける最初の年となりますが、先生があまりにもうまく授業を行っているので、その事実を忘れてしまいそうです。

では、チザウスカス先生はどのような授業をしているのでしょうか？　彼女は、生徒の思考プロセスの音楽に耳を傾けるように努力しています。

（４）「責任ある話し合い」は、会話を豊かなものにするために、効果的な会話の仕方を教える際の枠組みです。詳しくは、『「学びの責任」は誰にあるのか』の一八ページや一三一ページを参照してください。

（５）一八四ページを参照してください。

（６）アメリカの小学校の多くは幼稚園の年長組を併設しています。事実上、義務教育はこの学年からはじまっています。

その素晴らしい例が算数の授業です。チザウスカス先生は正解だけでなく、思考プロセスを聞きだすために質問を使っていました。先生は、長さ、幅、高さ、重さ、体積など、図形の特徴に関する授業を行っていました。ある生徒との一対一のやり取りのなかで、先生はティッシュの箱（直方体）の長さや幅、高さ、重さなどについて測る方法を教えていました。

表8－2には、左端の欄にはチザウスカス先生と学習に後れをとっているイーサンとの対話が描かれています。重要なのは、先生がそれぞれの質問をした理由とイーサンの答えについて書かれている真ん中と右端の欄です。

イーサンと先生が話し合うなかで、先生が算数の概念を再度教えることなく、生徒の思考プロセスを正しい方向に導いた様子が分かります。質問と回答をしている間、先生には「音楽」と「警報」が聞こえていましたが、質問と探りを入れるタイミングを見極めています。

生徒の理解を表面的なレベルから深いレベルへと導いたとき、私たちの耳に生徒の思考プロセスの音楽が聞こえます。その音楽のボリュームを上げるためには、彼らの答えに注目しすぎず、彼らの思考プロセスに耳を傾ける必要があります。生徒の答えに反応する際は、あなた自身の言動に注意してください。

表８－２　算数用語の「幅」についての先生とイーサンのやり取り

教師の質問／生徒の回答		質問の目的	生徒の思考プロセス
質問	この物体（ティッシュの箱）から測れそうなものは何ですか？	測定できる物体の特徴が分かるか？	音楽：一つ特徴を特定できたが、算数の用語の「幅」は使用しなかった。
回答	どれくらい広いかです。		
質問	どこを測れば、どれくらい広いのか分かりますか？	「幅」がどこであるか特定できるか確認する。教師は「幅」と言わずに「どれだけ広いか」という言葉を意図的に使用した。	警報：「長さ」と「幅」を同じだと思っている。
回答	（両方を指しながら）側面にある辺か前の面の辺の長さを測ります。		
質問	側面にある辺か、前の面の辺の長さは同じですか？	「長さ」と「幅」が同じだという誤解を深く追求する質問を行った。	音楽：側面にある辺と前／後ろの面の辺が違うものだと理解できるが、彼の言動は根拠と矛盾している。
回答	えーと、前の面と後ろの面の辺は同じです。それから、この側面とこの側面の辺は同じです。		
質問	うーん。本当にそうですか？	どれくらい根拠に自信があるのかを示したい。	彼は、自分の思考プロセスが大体分かっている。したがって、「長さ」と「幅」を明確にするのはさほど難しくないが、必要なことである。
回答	（素早く、ためらいなく）はい、そうです。		

（次ページに続く）

教師の質問／生徒の回答		質問の目的	生徒の思考プロセス
質問	どうすればそれが分かりますか？	前と後ろの辺が等しいという考えを根拠づけることができた。	音楽：この質問は物体の特徴を特定する以上の挑戦的な学習である。幼稚園のレベル以上の知識を試すよい機会になる。
回答	(前の面の「長さ」の部分を指しながら) ここと、(ティッシュの箱の後ろ部分の「長さ」を見せながら) ここは同じになります。		
質問	(その長さを指しながら) そこは算数の用語で何と言いますか？	最初に「どれくらい幅広いか」と言っていたので、「長さ」と「幅」の定義の質問に戻る。	警報：「長さ」と「幅」を同じだと思っている。
回答	どれくらい幅広いかです。		
質問	前の面と後ろの面の辺は同じと言っていましたね？　側面にある辺は何と言いますか？	答えが不正解であるというそぶりを見せない。「長さ」と「幅」の定義を反対にするかその違いを知らないのかをさらに探ってみる。	反応なし。♪おそらく、意味を考えている。
回答	うーん……。		
質問	(質問を一度止める)	考える時間を与える。	音楽：答えを変え、「長さ」という用語が会話に表れた。「幅」という用語はまだ、使用されていない。
回答	前の面の辺は「長さ」で、側面にある辺は「どれくらい幅が広いか」です。		
質問	算数の用語で「どれくらい幅が広いか」をどのように表現できますか？	「幅」という用語を知っているか確認する。	彼は、まだ確信がもてていない。
回答	「どれくらい幅が広いか」ですか？		

教師の質問／生徒の回答		質問の目的	生徒の思考プロセス
質問	「長さ」はどれくらい長いかを表しますね。では、幅の広さは算数の用語でどのように表現しますか？	二つの算数の用語を使用することで、「幅」という単語を思いつく。	音楽：正解を答えたが、自信がなさそうなので、答えに確信をもたせたい。
回答	「幅」ですか？		
質問	自信がなさそうですね。本当に「幅」でいいですか？	推測で答えたかを見極め、自信を高めたい。	音楽：自分の考えを肯定し、「長さ」と「幅」の語彙を的確に使用できた。
回答	（掲示物を見ながら）はい。（前の辺を指しながら）これは「長さ」で（両端の辺を指しながら）これとこれは「幅」です。		
質問	では、先ほど、言っていたことをもう一度考えてみましょう。前の面と後ろの面の辺は同じと言っていましたね？　それを、どのように証明できますか？	今回の学習目標を達成できた。測定の授業の目的からそれることなく、前の面と後ろの面の辺が等しいという考えにもう一度戻りたい。	音楽：積極的に証明しようとしているが、まだその根拠を示せていない。
回答	道具を使って同じ「長さ」だということを証明できます。		

（次ページに続く）

教師の質問／生徒の回答		質問の目的	生徒の思考プロセス
質問	どんな道具を使用しますか？	正しい道具を使って、戦略的にそれを使える練習を行う。これは習慣づけるためのよい機会になる。	音楽：道具の選択は正しい。「同じ」と「等しい」は数学では同義語ではない。イーサンは正しい語彙を使用しなければならない。
回答	ユニフィックス・キューブ(＊1)を使用していいですか？　そうすれば、ここここの「長さ」が同じだということが証明できます。		
質問	「同じ」とはどういうことですか？	正確な言葉を使用する。（「数学の練習の支援：自分の考えを正確に相手に説明する」）(＊2)	警報：「等しい」という用語はクラスですでに学習ずみなので、生徒は使用できなければならない。
回答	同じ「長さ」ということです。		
質問	数学の用語で二つの物体が同じであればどんな用語が使えますか？	よく知っている単語の定義を使用し、使用してほしい用語を思い出す。	思考プロセスの音楽が聞こえる！
回答	「等しい」です。		
質問	そのブロックを何のために使用するか、算数の用語を使用して説明してください。	これから使用する道具の使用目的を明確にすることで、学習の目標を強調し、遊びでブロックを使用するのを回避する。	自分の思考プロセスを証明できる準備ができている。
回答	前の面と後ろの面の辺が「同じ」、つまり「等しい」ことを証明します。		

（＊1）プラスチック製の組み立て可能なブロックの名称です。

（＊2）アメリカの各州共通基礎スタンダードの一つです。算数・数学的にあるレベルまで学習を達成できた生徒は、自分の考えを根拠と一緒に正確に相手に伝えることができるように指導を行います。たとえば、算数・数学における記号を使用する意味を相手に対して適切に説明できるようにすることが挙げられます。

生徒がどのように問題に取り組み、解決策に到達するためにどのような分析をしたのかについては、彼らの答えからは分かりません。思考プロセスを探る質問を使って、生徒がどのように学習内容を理解しているのかを明らかにしてください。教師の思考プロセスではなく、生徒自身の考えを発展させるような質問を選択してください。

学習の最終的な目標は、生徒が知識を応用して、必要な場面でそれらが活用できるようになることです。正解にたどり着くことだけに固執していると、彼らの大切な音楽を聞き飛ばしてしまいます。なぜ、その質問をしているのか、と自分自身に問いかけてみてください。

「それは単に、生徒がすでに知っていたことを確かめるためですか？」

「学習に後れをとっている生徒を見つけるためですか？」

「それとも、生徒が何を理解しているのか、あるいは理解していないのか、またその理由を分析することが目的ですか？」

「生徒の思考プロセスの音楽が聞こえますか？　それとも、聞こえるのは警報ですか？」

耳を澄まして聞いてください。

「彼らの音楽は正解から聞こえてきますか？　それとも、正しい思考プロセスから聞こえてきますか？」

教師は生徒への支援を優先し、手取り足取り教えない

教師が考え、教えてしまう代わりに、
生徒にしっかり考えてもらう

子どもを立派な人間にするためには、
何かをしてあげるのではなく、
子ども自身でできるように教えることです。

アン・ランダース（Ann Landers, 1918～2002）
アメリカのコラムニストで、新聞において
身の上相談をしていました。

問題──教師が生徒に答えを手取り足取り教えている

多くの教師は、生徒のために教育の世界へ入ったはずです。しかし、皮肉なことに、生徒を成功させたいという教師の願いが生徒の成功を妨げているのです。学習することに関して私たちは視野が狭くなっており、質問や課題の完了で成功だと判断してしまっています。要するに、長期的で、本来の目的である「学び」を見落としているのです。

多くの教師は、学習につまずいている生徒を見ると、すぐに彼らを助けようとします。そうすれば、たしかに生徒はその場かぎりの答えが得られるかもしれませんが、それは同時に、彼らから達成感を奪うことになります。単に答えを与えるのではなく、「ほのめかし」や「介入」などといった方法を使う必要があります。「ほのめかし」や「介入」は質問に大別されますが、このハックでは「支援」と定義づけます。

問題は、多くの教師がこの「支援」を生徒に提供できていないという現状です。教師は、生徒を過度に助けてしまい、生徒が主体的に学ぶ機会を奪ってしまっています。これについては、我が家で毎日のように行われる娘とのやり取りを思い出してしまいます。

「ママ、私の靴はどこ？」と娘が度々尋ねますが、私はすぐにその場所を言わず、ヒントを出すようにしています。私は目を閉じ、スニーカーの場所を思い出そうとする仕草をしますが、答えは言いません。過去に彼女の靴があった場所を考え、「裏口かな？　玄関の靴箱？　テーブルの下？　散らかっている部屋はチェックした？」などのヒントを出していきます。

娘は、私のヒントに基づいてさまざまな場所を探し回り、最後に「見つけたよ！」と嬉しそうに叫びました。その日によって私の反応は変わりますが、「ほら、やっぱりあなたが置いたところにあったでしょ？」と少しおどけたコメントをしたり、「靴を脱いだときにちゃんと片づければ、困ることはないんじゃない？」と、少し皮肉を言ったりもします。このやり取りは、一見したところ子どもが責任をもって学習しているような感じがしますが、それは親の勘違いでしかありません。

次に、これに似た例を見てみましょう。高校の数学の授業において、生徒が「8n－2＞17n＋16」という不等式を解いています。一人の生徒が問題につまずき、教師に助けを求めるため挙手をしています。次の会話は、教師と生徒とのやり取りです。

先生　どうしましたか？
生徒　分かりません。

先生　どこまで問題を解きましたか？
生徒　解いていません。どこからはじめたらいいか分かりません。
先生　分かりました。まず、最初のステップは同類の項をまとめます。
生徒　……。
先生　すべての「n」を、左か右にまとめる必要があります。
生徒　（鉛筆を持つ）
先生　8nがこっち側にあって、17nは反対側にありますね。どうすれば、これらを同じ側にまとめることができますか？
生徒　どちらかを移動します。
先生　そのとおりです。8nを左から引くと、右側はどうなりますか？
生徒　同じようにします。
先生　そうです！　その調子です。17n－8nの答えはどうなりますか？
生徒　9ですか？
先生　9だけですか？
生徒　9nです。
先生　これで理解できましたね。また、戻ってきたときにチェックしますね。

> 効果的に生徒を「支援」しておらず、過度に助けています。その証拠として、やり取りにおいて、教師が生徒よりも圧倒的に話しています。

この場合、教師は効果的に生徒を「支援」しておらず、生徒を過度に助けてしまっています。その証拠として、二人のやり取りにおいて、教師が生徒よりも圧倒的に話しています。

この授業の目的は不等式を解くことでした。たしかに、教師の質問によって同類項の引き算という数学的思考のプロセスを生徒から引きだせましたが、実際にそれを引きだしたのは教師なのです。このようなやり取りだと、次の問題が出されたとき、生徒自身が解くことは期待できないでしょう。

教師は、生徒に「分かった！」という瞬間を経験させたいと思っています。それを経験させたいがために、生徒の思考プロセスを引きだすやり取りを行います。時には、教師の助けが早すぎたり、度がすぎたりしてしまうこともあります。教師による過度の助けは、生徒に自分で学習していると錯覚させてしまうのです。喉が渇いている生徒に対して、教師が水を用意して飲ませることでその場はしのげたとしても、次に生徒自身が水源を探しだして水が飲めるとはかぎらないのです。

教師は、必要な「支援」を生徒に提供しなければなりません。生徒が水源に行くために必要となる地図の作成方法を教えるのです。教師が水を与えるのではなく、生徒が自分で水源を探せる方法を教えてください。

ハック――教師は生徒への支援を優先し、手取り足取り教えない

　生徒にヒントを単に与えるのではなく、よい問いかけを連続して行うことが効果的だと気づいたとき、私の人生は大きく変わりました。以前は、娘から週に何度も「〇〇はどこにあるの?」と尋ねられていましたが、彼女に「支援」することでそれはなくなりました。私自身、一〇代のときにはやはりよく忘れていたのですが、自分自身に対して、このように「支援」をしたという経験があります。

「支援」を提供するというのは、どういうことでしょうか? それは、生徒が必要としているときに教師が助け、どのようにしたら困難を乗り越えられるかという道筋に沿ってサポートすることです。支援の手順を**図9－1**に示しておきます。

質問――まず、「壊れたレコード」の質問を行います(詳細は「ハック5」を参照)。質問する際は、学習目標と学習内容に対して、生徒が何を知っている/知らないのかを明確にしてください。

問いかけ――この問いかけによって、生徒は頭の中で、質問に答えるために必要な情報を探しはじめます。また、問いかけは、生徒の知覚や記憶など認知思考と、生徒自身の思考プロセスを客

図９－１　支援の流れ

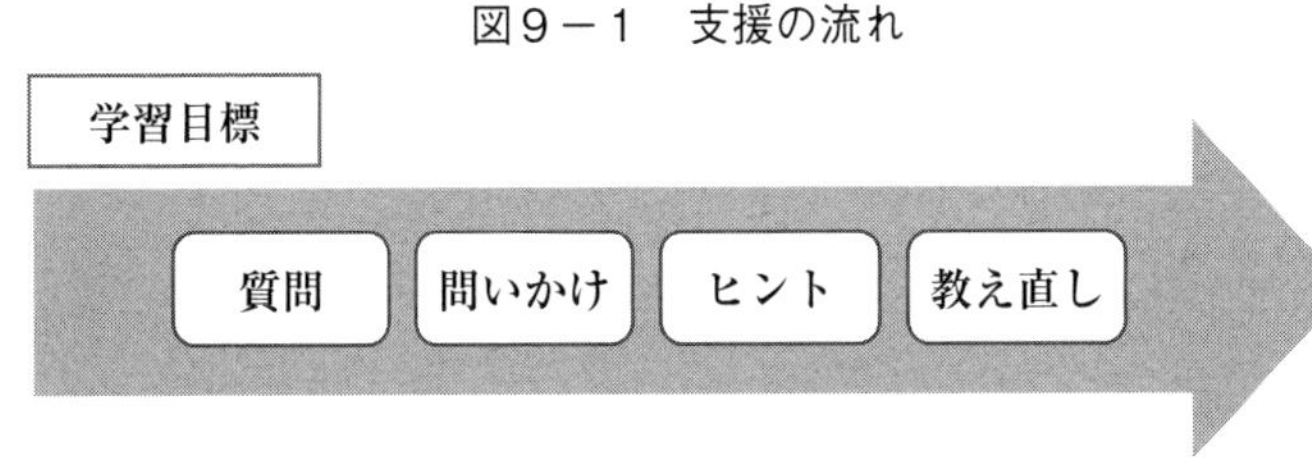

観的に考えるメタ認知の思考プロセスを刺激します。これを比喩的に描写すると、教師が暗い部屋で明かりを照らし、自らの姿を「見る」機会を生徒に提供しているという感じです。このためにも、生徒が自らの思考プロセスを考えるために効果的な質問をあらかじめ用意しておき、いつでも使えるようにしておいてください（詳細は「ハック６」を参照）。

ヒント――生徒の思考プロセスを正しい道へと導くために、視覚的、言語的、身体的なヒントを与えます。たいていの場合、ヒントは生徒の周りで見つけられますし、質問に対する答えの選択肢を絞ることができます。ヒントには、単にライトをつけるだけでは不十分な場合、注目すべきところに焦点を当てるといった役割があります。

教え直し――教え直しとは、最初に行った学習を繰り返したり、再度モデルで示したりすることです。同じ方法や違った方法で説明の繰り返しができます。しかし、教え直しだけでは、生徒は主体的に学習に取り組んでいるという感覚が薄れます。

図９－２は、このハックの「問題」（二三五ページ）の部分で説明した、私と娘の状況を示したものです。最終的には、娘は靴を見つけました。し

図９－２　ハックの「問題」で記述した娘とのやり取り

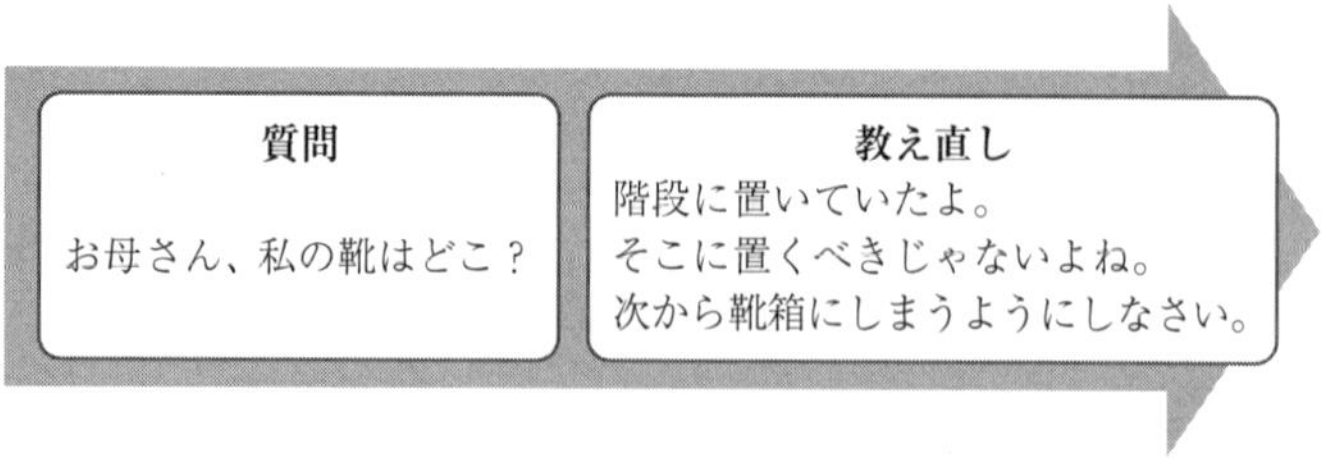

質問	教え直し
お母さん、私の靴はどこ？	階段に置いていたよ。 そこに置くべきじゃないよね。 次から靴箱にしまうようにしなさい。

図９－３　「ヒント」を使用した娘とのやり取り

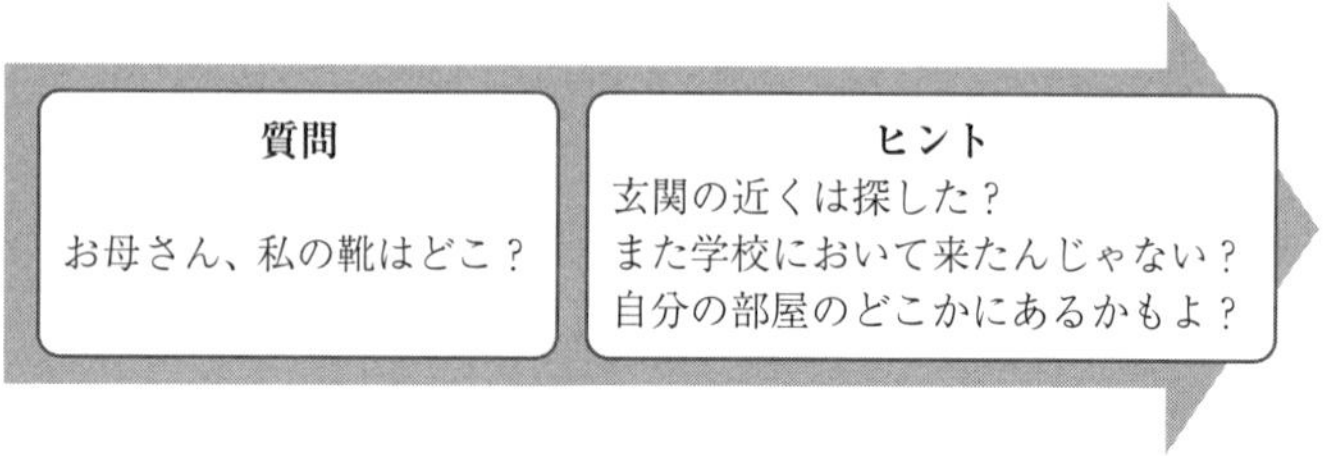

質問	ヒント
お母さん、私の靴はどこ？	玄関の近くは探した？ また学校において来たんじゃない？ 自分の部屋のどこかにあるかもよ？

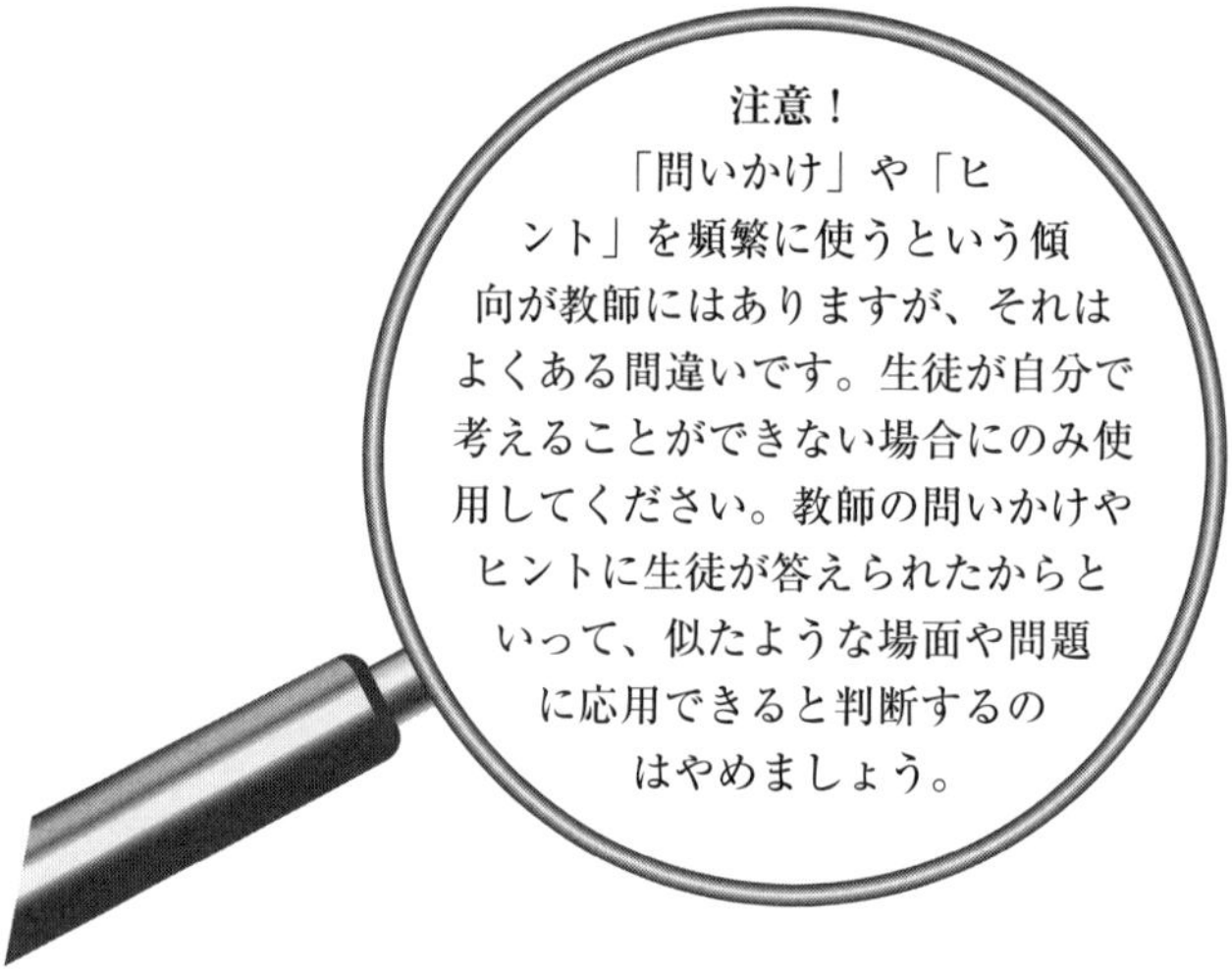

注意！

「問いかけ」や「ヒント」を頻繁に使うという傾向が教師にはありますが、それはよくある間違いです。生徒が自分で考えることができない場合にのみ使用してください。教師の問いかけやヒントに生徒が答えられたからといって、似たような場面や問題に応用できると判断するのはやめましょう。

かし、どこにあるかという答えや予防策を毎回教えてしまうと、彼女があるモノを探すときには常に私を頼ることになります。

たしかに、彼女がモノを元の場所に置いてさえおけば問題にはなりません。また、問題の防止策を私が考えて娘に教えたとしても、実際に何かが見つからないときに彼女を「支援」することになりません。もし、本が見当たらないときには、必ず「ママ、私の本はどこ？」と助けを求めるでしょう。

直接説明する代わりに「ヒント」を使えば、娘は自分の靴を探すための努力ができます。しかし、次に挙げる状況がこれまで行われてきた娘の行動です。

❶お母さんに靴の場所を尋ねる。
❷お母さんが言った場所を探す。
❸もし、そこに靴がなければ、またお母さんに尋ねる。

図９−３は「ヒント」を示しています。それに基づいて娘は、表玄関と裏口、学校、自分の部屋で靴を探します。しかし、娘が車の中に靴を忘れていた場合、これらのヒントは役に立ちません。手ぶらで私のところに戻ってきて、娘は再びヒントを求めるだけです。

図9－4　国語の授業での「支援」の仕方の一例

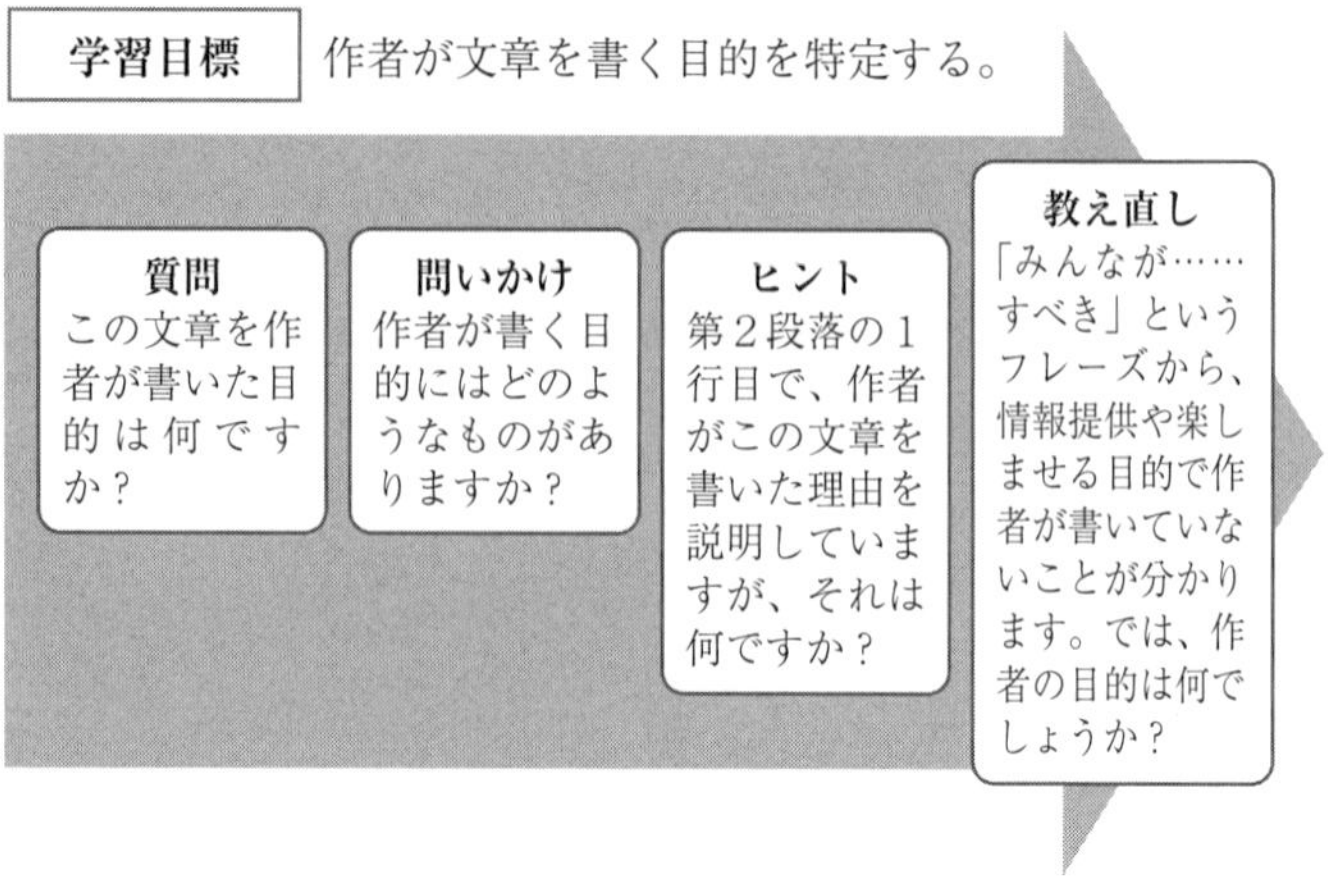

次に、違った「支援」の手順を説明するために国語の授業を紹介しましょう。この授業では、作者がその文章を書いた目的が何であるかを学んでいます。このクラスの生徒たちは、授業の形成的評価において、作者は読者に情報提供したり、説得したり、楽しませたりするために文章を書いているという点は理解していました。また、それぞれの文章タイプの定義や例を、自分の言葉で説明することもできました。

今回の授業では、教師は生徒にその知識を応用してほしいので、生徒が文章を読み、文章の目的を判断するといった課題を出しました。**図9－4**は、「支援」の手順を示したものです。学習目標と、各段階の例を一つずつ掲載しています。

これは支援を提供する一例であり、この過程にいくらでも付け加えることができます。たとえば、「ヒント」に移る前に複数の「問いかけ」を使用し、生徒が積極的に考える機会を逃さないようにしましょう。

過度に助けてしまう原因の一つに、教師がサポートするタイミングが早すぎるということがあります。すべての生徒は自らを支援することができますので、教師からの「問いかけ」や「ヒント」は必要ありません。しかし、生徒自身がそれらを提供できるようになるまでは、一時的に教師が助ける必要があります。ここでは、教師が「問いかけ」を繰り返しながらローレンスの質問に戻りつつ、それぞれの「問いかけ」が効果的であったかどうかを判断している場面を紹介しましょう。

先生（質問）　この文章を作者が書いた目的は何ですか？

ローレンス　ビデオゲームと読書についてです。

先生（質問）（生徒の回答を含めながら、前の質問を言い直す形で）なぜ作者は、ビデオゲームと読書についてこの文章を書いたのでしょうか？

ローレンス　おそらく、作者は教師だと思います。

先生（問いかけ）　作者が教師なら、作者がこの文章を書いた理由は何だと考えますか？

ローレンス　えーっと、どういうことですか？

先生（問いかけ） 作者がこの文章を書いた理由は何でしょうか？

ローレンス 情報提供か、説得か、読者を楽しませるためだと思います。

先生（質問）（生徒の言葉を含めて聞き直す）では、作者が文章を書いた目的は、情報提供、説得、読者を楽しませるためのうち、どれだと思いますか？

ローレンス 子どもたちに、ビデオゲームをする時間と同じくらい読むべきだと主張するためです。

先生（問いかけ） 文章を書く三つの目的のうち、どれが当てはまると思いますか？

ローレンス 「説得」だと思います。

先生（質問） そうすると、作者がこの文章を書いた目的は何になるでしょうか？

ローレンス 作者は子どもたちにもっと読書するように説得するためにこの文章を書いたので、「説得」です。

娘の靴の話に戻りますが、私が「問いかけ」をすることで、彼女は解決策を探すようになりました。娘に解決策を与えたわけではなく、ほんの少しアドバイスをしただけでその効果がありました。

図9－5の「問いかけ」を、本やメガネなどさまざまなモノに置き換えることができます。対

図9－5　「問いかけ」を使用した娘とのやり取り

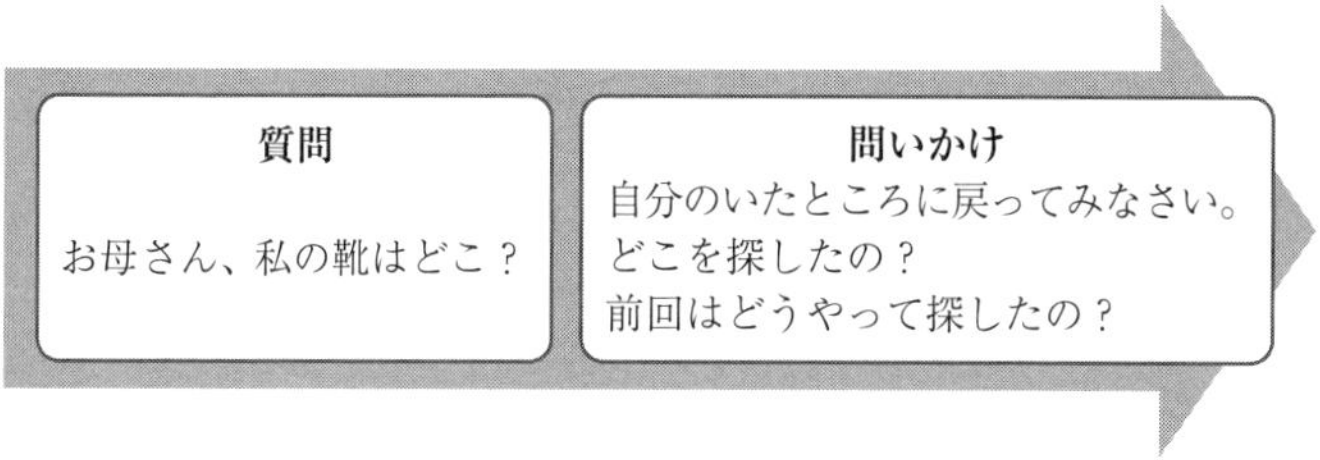

質問	問いかけ
お母さん、私の靴はどこ？	自分のいたところに戻ってみなさい。 どこを探したの？ 前回はどうやって探したの？

象が小さな子どもであれば、お気に入りのおもちゃを見つけるのに役立つでしょう。もちろん、モノを失くすことがなくなればいいことは承知しています。もし、息子、娘、生徒がモノをうっかり置き忘れた場合、「問いかけ」を使って、より自立した方向に向かえるように支援してください。

それでは、このハックの最初に紹介した数学のやり取りをもう一度見てみましょう。今度は、教師が「問いかけ」を使用しながら、生徒自身が考えられるようなやり取りを行っています。

先生（問いかけ）　どうしましたか？
生徒　分かりません。
先生（問いかけ）　どこまで問題を解きましたか？
生徒　解いていません。どこからはじめたらいいか分かりません。
先生（問いかけ）　私たちが一緒に問題を解いたときのことを思い出してください。
生徒　覚えていません。

先生（**問いかけ**）最初に何をしたか覚えていますか？　ジャスティンが解いていましたよね。

生徒　ジャスティンは、共通の項目を同じ場所に移動させました。

先生（**問いかけ**）それはなぜですか？

生徒　見やすくするためだと思います。これよりも「n＜5」のほうが分かりやすいです。

先生（**問いかけ**）それでは、この問題を解くには、まずどうしたらいいですか？

生徒　nの項を同じ側にまとめます。

先生（**問いかけ**）どちら側にまとめるかは、どのように決めますか？

生徒　8nを右側に移動します。そうすればマイナスにならないからです。

先生（**問いかけ**）なるほど、そういう理由ですね。分かりました。次はどうすればいいですか？

生徒　また、分からなくなりました。

先生（**問いかけ**）分からなくなったときは何を参考にすればいいですか？

生徒　電卓でしょうか？　でも、この場合は役に立たないと思います。

先生（**ヒント**）ノートはどうですか？

生徒　あ、そうですね。ジャスティンが問題を解いたときにノートを取りました。ここに書いてあります。

先生（**振り返りの質問**）もし、分からなくなったらノートを参照してください。それでは、ここからどうすればいいでしょうか？

生徒　式を簡単にするにはどうすればいいかを考えると、問題が解きやすいです。自分のノートがヒントになったので、きちんとノートを取っていてよかったです。

先生（振り返りの質問）　これから問題を解いていくうえで、何を意識すればいいですか？

生徒　自分に「この式をもっと簡単にする方法はないか？」と問うことです。もし、それでも分からないようであればノートを参考にします。

今回の「問いかけ」をベースにしたやり取りは、同類項の引き算の計数ではなく、不等式の解き方とその根拠に焦点を当てています。教師は、生徒が「分かった！」という経験ができ、学習を振り返る機会も設けています。生徒はその経験を記憶し、将来応用するために忘れることはないでしょう。

あなたが明日にでもできること

過度に生徒を助けるための質問を避けるには、かなりの練習が必要です。生徒を助けすぎているのはどこなのかを明らかにする方法と、上手に支援するときの手順を紹介していきます。

自分が質問している様子を録画する

授業の一部、少人数対象のグループ指導、または個別コーチングをしているとき[1]、支援が必要なタイミングを見計らって録画をしてください。ビデオを見て、「質問」、「問いかけ」、「ヒント」、「教え直し」を確認します。教師が質問に回答してしまっていないか、という点に注意をして再生してください。

「壊れたレコード」の質問に慣れてきたら、それらを「支援」のために役立てましょう。「壊れたレコード」の質問を「質問」、「問いかけ」、「ヒント」とに分けて、それらを順番に行っていきます。「ヒント」は、「問いかけ」が不十分だと判断したときのみに使いましょう。

授業に取り入れている「問いかけ」のリストを作成する

教師の多くが、生徒の思考プロセスについて考えられるような、効果的な質問を準備しているはずです。「問いかけ」を使う頻度を意識的に増やす努力をすれば、生徒が自分で考えることを促すための適切な支援はできますが、多用してはいけません。**表9－6**は、教室で多く見かける「問いかけ」のリストです。

表９－６　教室で頻繁に使われる「問いかけ」の質問

・何をすでに知っていますか？ ・どんな方法を使えますか？ ・質問の意味は何だと思いますか？ ・どんなことを学びましたか？ ・これをどのように解きますか？ ・何を考えたり、考慮したりしていますか？ ・それは、論理的ですか？ ・理解できますか（筋が通っていますか）？ ・何を理解する必要がありますか？ ・どこから考えはじめることができそうですか？ ・これから何を思い出しますか？ ・自分を支援するにはどうすればよいでしょうか？ ・グループから何を学びましたか？ ・どのようにすれば覚えておけますか？ ・どこでもっと情報を得られそうですか？ ・どんな情報が必要でしょうか？

「問いかけ」と「ヒント」を区別する

どのように「支援」をしたいのかよく考えてください。その際、「問いかけ」と「ヒント」は違うものであると覚えておいてください。以下の二つの質問には微妙な違いがありますが、実は生徒に対して同じ行動を促しています。

（1）ここが「指導」ではなく「コーチング」になっていることがポイントです。「カンファランス」という言葉も使われます。両方とも日本の授業ではまだ馴染みが薄いもので、日本の多くの教師は「指導」しか知らないといえるでしょう。ある意味では、二つの不等式のやり取りがそれを示しています。前者が指導で、後者がコーチングないしカンファランスをベースにした教え方・支援の仕方です。

図９－７　生徒が自立して学習するために使用できるリソース

・模造紙に書かれた掲示物（「ハック１」を参照） ・注釈 ・身体の動き ・身の周りの標識やロゴ(＊１) ・ジェスチャー	・見える化シート ・ハイライトされた文章 ・ジングル(＊２) ・教育玩具(＊３) ・地図	・メンター・テキスト(＊４) ・記憶術（覚え歌や語呂合わせ） ・ノート ・視覚教材 ・範例（はんれい）(＊５)

（＊１）普段子どもたちがよく目にする標識やロゴのことです。これらは、低学年を対象にした読む指導の導入に使用できます。

（＊２）学習活動の区切りに使用するチャイムやベルなどの短い音のことです。

（＊３）算数の授業などで、学習の概念を教えるため図形の模型やブロックなどのことです。

（＊４）絵本や本、詩、新聞、歌詞などから抜粋された文章で、生徒が文章を作成する際のモデルとして広く使われている方法です。

（＊５）課題のやり方や問題解決など、模範となる手順を示したものです。数学問題の解き方がその代表例となります。


問題を解決するためにはどのような情報が役立ちそうですか？——この「問いかけ」は、生徒自身の思考プロセスを考える際に役立ちます。生徒は問題と情報について考え、その問題を解決するための情報が入手可能かどうかを判断します。「問いかけ」を使用すると、生徒は教師の「支援」を必要としなくなります。つまり、生徒は教師に頼らず、自分自身に問いかけられる一歩手前まで来ているということです。

ホワイトボードの例は何を示していますか？——この「ヒント」は、生徒をホワイトボードに書かれている例に従わせてしまいます。ホワイトボードの例が、生徒が直面している問題と類似していることを教師は知っていて、それをヒントにして説くように促しています。たしかに、生徒はホワイトボードの例を解釈する必要がありますので、過度に助けているわけではありません。しかし、「問いかけ」を飛ばして「ヒント」を提供してしまうと、自らを助ける方法について考える機会が与えられず、いつまでも生徒は自立できません。

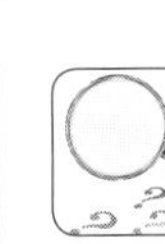

完全実施に向けての青写真

ステップ1　生徒と一緒に学習の参考資料を作成する

単元計画を立てる際、生徒がつまずきやすい部分や習得するのに苦労する部分をメモしておきます。その部分に基づいて、生徒を助けるための参考資料を作成します。右ページの**図9－7**は、一般的な参考資料の作成例を示したものです。(2) これらは、生徒が学習内容を十分に理解し、自立した学習ができるようにサポートします。必要であれば「ヒント」として使用してください。

(2)　これらすべてとは言わないまでも、教科書以外にいくつかあるだけで異なるものに反応する生徒は救われるでしょう。『教科書をハックする』では、これらを「教科書セット」としています。すでに単一の教材で学ぶ時代は終わっています！　そういえば、このリストにはタブレットやスマホなどのＩＣＴが含まれていません。

ステップ2 アクティブ・ラーニングの際、「壊れたレコード」の質問を使って学習を評価する

ここでは、今までのすべてのハックを参考にしてください。たとえば、「ハック8」では生徒の思考プロセスという音楽を聞く方法を紹介しました。「ハック6」で紹介した「壊れたレコード」の質問を使いながら、生徒が正しく考えているか、誤解していないか、学習目標や学習内容を理解できているのかを確認します。

生徒がスキル、概念、考えを理解している証拠を示したらこのステップで終わりとしますが、そうでない場合は次のステップに進みます。

ステップ3 生徒がさらにサポートを必要としている場合は「問いかけ」を使う

教師の多くは、以前の学習を補強する「支援」を提供するために、いくつか「問いかけ」の質問を準備しています。通常、「問いかけ」は学習内容や授業に特化したものではないので、事前の準備が可能です。生徒に考え方をどのように整理するかを尋ねる質問はどの学習分野でも使えますし、これらの質問は、生徒が生涯学習者として学び続けるうえにおいて手助けとなります。

ステップ4 「問いかけ」では不十分な場合、「ヒント」を使う

「ヒント」はすでにリストにしているので、「問いかけ」を使い切っても大丈夫です。「ヒント」

に移る前に、次のような「問いかけ」を行ってください。

・どのような情報が役立つと思いますか？
・どのような道具が役立つと思いますか？
・どこで、より多くの情報やサポートが得られると思いますか？
・このことについて最初に学ぶとき、どのようなものを参考にしましたか？

これらの「問いかけ」を使うと「ヒント」を出す必要がなくなる可能性が高くなります。もし、これらを使っても問題を解決する情報源を生徒が特定できないようであれば「ヒント」に移行します。次ページの**図９－８**で概説しているように、いくつかの異なる方法で「ヒント」を与えてください。

ステップ５　「教え直し」が必要な場合は、生徒に学びの主導権をわたしてください

時折、さまざまなことが理由で、学んだ知識や技能が身につかない場合があります。また、あらゆる「問いかけ」や「ヒント」を使っても上手くいかないこともあります。生徒が学習内容を理解するために、「教え直し」や背景知識を与えるといったことは意外によくあります。

生徒が理解できなかった場合、単に教え直しただけでは次回も理解できないでしょう。そうな

図９－８　さまざまなタイプの「ヒント」

言葉の「ヒント」

- 質問調で生徒の回答を繰り返す。
- 要点だけ言い換える。
- ゆっくり話して、単語やフレーズに注目できるように抑揚をつける。
- ヒントを与えるために、キーワードの前で文を言うのをやめる。

視覚の「ヒント」

- 模造紙に書かれた掲示物
- 見える化シート
- 図表やイラスト
- さまざまな文章の特徴
- 身の周りの単語リストや手順
- 教育玩具

身体の「ヒント」

- 意味を伝えるためにジェスチャーをする。
- 文章から大切な部分だけを抜粋したり、ほかの部分を隠したりする。
- どこを参照すればよいか指摘したり、何も言わずその場所を示したりする。
- 授業中に使ったことのある身体の動きを使用する。

図９－９　生徒を自立的な学習に導く度合い

ある程度あり	まったくなし
・聞いたことを言い換えてください。 ・自分の言葉でメモをしてください。 ・説明のあとで同じ質問に答えてください。	・分かりましたか？ ・間違っていることが分かりましたか？ ・それは理解するのに役立ちましたか？ ・これで分かりましたか？

らないように、生徒が情報を保持できるように「支援」を提供します。そのためにも、生徒が学びの主導権をもつようにします。(3)

たしかに、これらは生徒が自立して学習できるようになるための方法としてさほど効果はありません。しかし、教師が焦ったり、疲れたりしているとき、まったく考えさせないような質問を生徒に投げかけてしまうという状況は避けたいものです。右に挙げた**図９－９**は、教師のどのような対応が学習を多少なりと促すのか、もしくはまったく促さないのかを示したものです。

課題を乗り越える

生徒の自信や安心感を考慮しつつ、挑戦的な課題に取り組ませるために教師がどのように支援を提供するのか、この判断はとても難しいものです。また、挑戦的な課題に取り組む生徒への支援に価値を見いだせない教育者から反発を受けることもあるでしょう。

(3)　翻訳協力者から「教科書を教える教師には理解できないかもしれないです」というコメントがありました。自立した学習者を育てるということを念頭に置いて、教師が支援をしなければなりません。

課題1　これだけ多くの「問いかけ」や「ヒント」を与えると、ほかの生徒の注意力が散漫になってしまいます。

何らかの「支援」を生徒が必要としているときでも、すぐに提供する必要はありません。授業で話し合いをしていて、ある生徒が「支援」を必要としていることに気づいた場合は、その生徒と一対一、または少人数のグループで話し合うまで「支援」を後回しにすることができます。「問いかけ」や「ヒント」の使用は非常に個人的なものですから、クエスチョン・シークエンス(4)を練習したり、クラス全体に道具の使い方を教えるような場面以外は、クラス全体の時間を使って生徒個人を支援するのは避けましょう。

課題2　「問いかけ」や「ヒント」を使いましたが、生徒は理解してくれません。

たしかに、そんなときもあるでしょう。しかし「問いかけ」は、単に正解にたどり着く以上の経験を与えてくれます。生徒が困難に直面したときはいつでも、忍耐力と成長マインドセットをモデルで示してください(5)。

また、問いかけが効果的かどうかはやってみないと分かりません。憶測を避けるため、根拠をもって生徒に語らせることを忘れないようにしてください。

課題3　時々ですが、生徒が分からないと教え直したくなります。

もし、あなたが学習内容を教えることだけに重きを置いているのであれば、学習目標から少し離れ、全体像を捉えるようにしてください。生徒に、必要なことをすべて教えるのは不可能です。学びの主導権をもった生徒は、自分で学ぶ方法を知っています。教師が生徒に効果的な「問いかけ」を行えば行うほど、それが習慣化し、いつしか生徒は自分で「問いかけ」を行い、学習を自分のものにするためのライフスキルを身につけていきます。

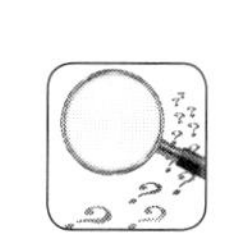

実際にハックが行われている事例

教師が教えない授業でもっとも素晴らしかったのは、五八分にわたるローラ・スロマ先生の物理の授業でした。高校で教えているスロマ先生の見事な「問いかけ」を手本にしながら、生徒たちが自らに問いかけている様子を先生は誇らしげに見ていました。

（4）（Questioning Sequence）四つの段階（詳細段階、分類段階、推敲段階、証拠段階）から成り、背景知識を活性化し、自分の考えを論理的に説明するための活動です。

（5）この文の参考になるのが、『言葉を選ぶ、授業が変わる！』と『オープニング・マインド』です。

授業前の「授業研鑽チーム」の集まりでスロマ先生は、「今回の学習目標は等速運動について学んだことをまとめる」と言っていました。[6] 生徒は、お互いに情報を共有しあうこと、そしてテスト前には復習や学習シートを作成することになっていました。

一〇月二日に教室を訪問した際、新しい学年がはじまって一か月ほどしか経っていませんでしたが、彼女はすでに「学習ガイド」[7] の作成を生徒たちに任せようと少しずつ進めていました。学習内容の重要なポイントを見極め、それを資料として活用できるように文書化する方法を教えていたのです。学習ガイドの完成版を生徒に与えるよりも、実際に生徒自身が作成したほうが有益であることをスロマ先生は認識していました。

まずスロマ先生は、学習ガイドを作成するためのプリントを生徒に与えるところから授業をはじめました。学年が上がるにつれて学習目標は、補足説明が記載されているプリントを与えることから、何も記入されていない白い紙を与えることに移行していきました。先生の同僚とともに私が見学した日、先生は生徒に「テンプレートを使用するように」と伝えました。

先生は生徒に挨拶をし、週末の出来事を簡単に尋ねることから授業をはじめ、学習ガイドを作成するためのプリントの課題を生徒に与えました。このとき、授業開始からわずか六分しか経っていませんでした。

通常、私が授業の観察をするときは、教師が行っていることと生徒の活動に注目しています。

スロマ先生の授業では、二つの異なるグループの近くに座って観察しました。授業が進んで残りの時間、私は生徒たちの会話に耳を傾けました。スロマ先生は自身の存在を見えなくしていたので、生徒たちは先生に注目する必要がありませんでした。

授業後にスロマ先生と授業を振り返るために、生徒たちの話し合いの内容や「問いかけ」として有効な名言をいくつかメモしておきました。生徒たちは、教師に頼ることなくしっかりと考えていました。それは、思考のプロセスという最高の音楽でした。

数週間スロマ先生の授業で学んだだけで、生徒たちは彼女の「支援」テクニックが使えるようになっていました。授業中、あるグループが、自分たちに対する「支援」のための質問を考えていました。生徒たちは速度に関する概念を理解するのに苦戦しており、グループのなかで意見が一致しませんでした。ある生徒が手を挙げました。先生は手が挙がる様子を見ていました。私は、先生がゆっくりと時間をかけて、そのテーブルに向かっていることに気づきました。

私が授業の観察において気をつけて見ているところは、教師に助けを求めはじめてから助けられるまでの間に生徒が何をしているかということです。私はその過程を注意深く観察しました。

（６）このあとに説明がある「学習ガイド」の成果物の一つです。
（７）テストや復習の際に使用できる、学習ポイントをまとめた自主学習のためのノートやプリントのことです。

このグループの生徒たちは話し合いを続け、自分たちの疑問を明確にしていきました。手を挙げている生徒も、積極的にグループの話し合いに参加していました。そうこうしていると、手を挙げている腕が疲れてしまったのか、ある女子生徒がため息をついて腕を入れ替えていました。

彼女の友人が、「あなたは何で手を挙げているの？　先生が答えを教えてくれないことは分かっているし、先生はあなたの質問に対して別の質問をするだけだよ。先生がいなくても何とか解決できるよ」と言いました。さらに別の生徒から、「先生を待つのは疲れるよ」や「スロマ先生のように、自分たちが分かるまで質問を続ければいいじゃない？」という意見が出されました。

そんな話をしていると、スロマ先生の目がこちらのほうをちらりと見たので、先生は生徒たちのやり取りをちゃんと聴いているんだと思いました。それでも、先生は急ぎませんでした。すると、素晴らしいことが起こったのです。

生徒たちは、自分たちで「問いかけ」をしはじめたのです！　彼らは学習目標を理解するために「位置と時間のグラフ、速度と時間のグラフ、物体の位置、速さ、加速度を示した表、および記述を使用して等速運動を分析することができるね」と話しはじめました。

スロマ先生の授業が終わったあと、私は手を挙げた生徒に少しだけ質問をしました。

生徒　先生は絶対に答えを教えてくれません。

私　先生についてどう思いますか？

生徒　そうですね。最初は不満でしたが、なぜ先生がそうしているのか、先生の意図が理解できたので今は気になりません。

私　その方法は効果的だと思いますか？

生徒　そうですね。私はグループで学習活動するのが好きなんです。

私　もし、先生が学習ガイドをわたして「自分で勉強しなさい」と言っていたらどうですか？

生徒　それだとダメでしょう。先生からわたされた学習ガイドをもとにした勉強を私はやらないと思います。グループで、仲間と一緒に取り組む学習活動のほうが私にとっては多くのことが学べるので、効果的な学習方法といえます。

私　結局、先生の助けが必要だったのですか？

生徒　いいえ。私たちのグループは結構いいグループですから、お互いに学びあうのが好きなんです。スロマ先生も、私たちのことを誇りに思っているんじゃないですか。私たちは、グループの仲間と一緒に学習しているときは、お互いに「先生モード」になるんです。

「問いかけ」と「ヒント」との決定的な違いですが、「問いかけ」の場合は、教師が具体的な方

向性を生徒に示したり、考えさせたりする前に生徒自身が思考プロセスについて考えるという点が特徴となります。このハックの「実際にハックが行われている事例」にあるように、教師が与える「問いかけ」から、生徒自身の「問いかけ」への移行は理想的だといえます。

生徒自身でヒントを探す能力というのは、課題を解決するために自分の学習に何が欠けているのか、またそれを埋めるためにはどうすればよいのかについて意識する必要があります。「自分に何が足りないのか?」、「どうすればそのギャップを埋められるのか?」というように顧みることは、生徒自身の思考プロセスについて考える「問いかけ」となります。困難に直面したとき、これらの質問を自分自身に問いかけることができる生徒は、外部からの助けを必要とせず、自ら課題を克服する可能性が高くなります。

教師が手取り足取り教えている授業では、ほとんどの場合、答えだけを生徒から求めます。「支援」を提供するというのは、一時的なものであることを忘れないでください。教師から過剰な手助けを受けてしまうと、生徒は自立的な学び手にはなれません。また、教師が用意した一時的な支援は、学習を行う生徒からすれば永久的な「松葉杖」になってしまうかもしれません。

生徒にやる気の
スロットルを回転させる

生徒自身が質問できるように支援する

そのつもりがなかったのに、母は私を科学者にしてしまった。ブルックリン*に住む多くのユダヤ人の母親は、子どもに「今日は何を学んだの？」と尋ねる。でも、私の母は違った。「イジー、今日はいい質問をした？」と尋ねるのだ。それがほかの母親との大きな違いであり、私を科学者にしてくれた。

イシドール・アイザック・ラビ
(Isidor Isaac Rabi, 1898～1988)
核磁気共鳴を用いる技術により、
1944年にノーベル物理学賞を受賞しました。

［＊ニューヨークのユダヤ人が多く住む地域として有名です。］

問題――教師がすべての質問をしている

ここまで、教師は質の高い質問を行うべきだ、というメッセージを伝えてきました。今までのハックで、教師はどのような質問をいつするかなど、生徒への質問に焦点が当てられてきました。(1) 教師ばかりが質問をする授業では、生徒が学習のオウナーシップをもてていないことになります。もちろん、教師がすべての質問をこれまでと同じくコントロールしてしまったら、生徒中心の学習に移行することはできません。

多くの会社では、組織改革を継続的に行うため、質問のできる社員を大切にしています。実際、「答えよりもよい質問をする能力のほうが重要である」と言っている多くのミームやツイートが存在しています。(2) また、アメリカの各州は、複雑さ、目的、深みのある質問をしたり、それらに答えたりする能力の育成を目的として、「話すこと」と「聞くこと」を学習目標に掲げています。

しかし、生徒が授業中にする質問の数や頻度は、教師が質問する回数よりも圧倒的に少ないのです。また、生徒の質問の多くは、内容を明白にするための質問であり、学習内容を解釈したり、思考プロセスを深めたりするための質問とはなっていません。

生徒に質問をさせると、あまりに抽象的、もしくはあまりにも具体的すぎる質問をする場合がありません。生徒がクラスメイトによくする質問は「どう思う?」といったようなものです。このような漠然とした質問は、質問者の意図がほとんど感じられません。結局、「いいと思います」といったような具体性に欠ける反応が返ってきます。また、具体的すぎると、「これは正しいかな?」や「○○のスペルは何?」のようなクローズドの質問をしてしまうことになります。

これらの非常に具体的な質問に対するクラスメイトの回答は、ある特定の目的をもった学習活動、学習課題、または学習問題に答えるためには有効です。しかし、このような質問ばかりだと、今後、同じような状況に直面したとしても、学習を促進するための有効な質問や答えのやり取りを行うことは難しいでしょう。

教師のなかには、生徒に対して「いつ」、「どこで」、「どのような」質問をす

---

(1)　翻訳協力者から「質問づくりについて教えていないのに、いきなり生徒にテーマを提示して、『質問を考えろ』と指示する教師がいます」というコメントがありました。教師がすべての質問をしないためにも、質問ができるように生徒を支援する必要があります。

(2)　ネット上にある短いメッセージを伝えるためのユーモラスな画像や動画のことです。それだけでなく、ビジネスの専門家たち(ピーター・ドラッカーなど)も発言しています。

> **生徒に質問のスキルを習得してほしいと思うのなら、教師は自立的に考えるバトンを生徒にわたして、生徒自身が走れるようにしなければなりません。**

ればよいのかについて教えられる人もいます。教師が質問について教える際に大切なことは、質問を一つに絞る前に、考えた質問を客観的に捉えるためにブレインストーミングを行うことです。そうすれば、生徒はどの質問が自分の学びを促進するために一番有効なのかを判断したり、その理由を考えることができます。

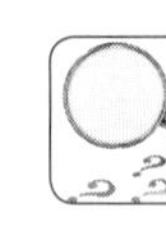

ハック――生徒にやる気のスロットルを回転させる(3)

生徒が学習を活性化する方法には二通りあります。教師が生徒の学習を活性化するときと、生徒自らが学習を活性化するときです。どちらの場合でも、質問は学習を活性化するためには効果的な方法といえます。質問する状況を車にたとえると、生徒が運転席に座ってスロットルを回転させ、運転の主導権をもつ状態といえます。

しかし、教師が「よい質問をするように」と生徒に課題を与えるだけでは不十分です。生徒が質問の仕方について、意図的かつ具体的に学習していなければ、生徒は質の低い質問をしてしまいます。普段、教師や親が使っている多くの質問だけでは、生徒はソクラテス（BC四六九～BC三九九）のような深い質問をすることはできません。

生徒に質問のスキルを習得してほしいと思うのなら、教師は自立的に考えるバトンをわたして、生徒自身が走れるようにしなければなりません。また、生徒によい質問者になってもらいたいのであれば、生徒に質問の仕方を教える必要があります。

これまでのハックを実践していれば、間違いなくあなた自身の質問力は向上しています。そして、生徒たちは、教師の質問の仕方を手本にして質問をしはじめます。彼らが自らの質問スキルを構築しはじめたとき、あなたは彼らのことを誇りに思うでしょう。質問の書き方、質問への批評の仕方、質問の投げかけ方を分かりやすく教えれば、「やる気のスロットル」の回転数を上げることができるのです。

質問のスキルを向上させるために有効な方法が二つあります。一つ目は、「ライト・クエスチョン・インスティチュート」[4]（以下、ＲＱＩ）によって開発された「質問づくり」と呼ばれる一貫したプロセスです。ＲＱＩは、質の高い質問を生徒がつくりだすための方法を開発しました。二つ目は、「互いに教えあう」ことで生徒一人ひとりの違いをいかしつつ質問する力を伸ばす方法です。これらの方法を使って、生徒の「やる気のスロットル」を回すために役立ててください。

（3）車両や航空機が搭載するエンジンへの燃料流量を操作する装置、またはその操作レバーのことです。

（4）（The Right Question Institute）アメリカの非営利の教育組織で質問づくりの開発普及を行っています。詳しくは、『たった一つを変えるだけ』および rightquestion.org を参照してください。

質問づくりでは、質の高い質問の価値を大切にしており、質問を改善する方法を意図的に教えます。このプロセスでは、実際に質問をする前に、生徒が自らの質問を客観的に判断し、分析することを促します。生徒たちが作成した質問をより良いものにして、もっとも効果的な質問にすることは、今後の学習の手助けになります（「質問づくり」については二七三〜二八一ページを参照してください）。一方、「互いに教えあう」学習活動では、協働学習の一環として、文章の読解のために生徒同士が助けあうことになります。次の四つが各役割の説明となります。また、「互いに教えあう」学習活動で使える質問の例については**表10－1**を参照してください。

要約する人――文章を読むことを定期的に一時停止し、理解度を確認したり、読んだ内容を復唱したりする。
質問する人――文章の詳細や疑問点について問う。
明確にする人――読者が混乱した際、分からない部分をメモし、意味を理解するのを助ける。
予測する人――内容や文章の構造に関する背景知識を利用して、著者が次に何を話すか予測する。

アメリカのほとんどの州では、小学三年生から「話すこと」と「聞くこと」に関する学習目標とそれぞれの到達基準を設けており、生徒は準備をして会話に臨むことが求められています。協

表10－1　「互いに教えあう」の役割に沿った質問例

要約する人	・この部分をどのように言い換えられますか？ ・ここまでで、重要な部分はどこですか？ ・この部分の大事な論点は何ですか？ ・ここまでで分かったことを、もっともよく表す言葉は何ですか？
質問する人	・私たちはどんな情報をもっていますか？ ・どのようなつながりがつくれますか？ ・どんな詳細についてメモすることが大切ですか？ ・どのようなテーマやパターンがありますか？
明確にする人	・分かりにくい部分や明確にしたいところはありませんか？ ・どのような疑問がありますか？ ・新しい語彙はどのように使われていますか？ ・予測したことと比較して、どのように違いますか？
予測する人	・次に何が起こるのかをどのように判断しますか？ ・どのような予測をしていますか？ ・先読みするための手がかりは何ですか？ ・自分たちの予測をどのように確認できますか？

働的な会話に参加する準備の際、グループのメンバーは学習についての質問を考えなければなりません。また、それぞれの生徒は、グループの思考プロセスを促すような質問を事前に用意することで充実した会話の準備ができます。

思考プロセスや質問をデザインするスキルを生徒が身につけられるようにしてください(5)。グループ

(5)　日本は、話す・聞く指導では後れをとっています。ここを読むと、その差がさらに開いてしまうように感じます。『学習会話を育む』や『最高の授業』などを参考に、話す・聞くを大事にした授業を展開してください。

に答えを見せたり、言ったりするのではなく、「互いに教えあう」という観点から会話が有意義なものになるように心がけてください。

前ページの**表10－1**のように、「互いに教えあう」学習活動を行う際は、それぞれの役割に沿った質問の例を与えることからはじめるとよいでしょう。そして、生徒たちが質問づくりを使いこなせるようになったら、「要約する人」、「明確にする人」、「質問する人」、「予測する人」の質問を自分で考えます。このようなステップを設ければ、話し合いはスムーズに進められます。

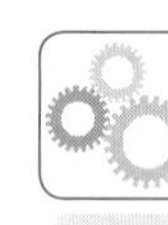

あなたが明日にでもできること

小さい子どもは、ごく普通にたくさんの質問をします。しかし、学校ではそのような質問がほとんど出ず、あまり面白くない話し合いになってしまう場合が多いものです。以下のような方法で、生徒のなかに眠っている好奇心を引きだしてください。

生徒の疑問をそのままにしておく

生徒が質問したときですが、すべての質問に対処しなければならないとは思わないでください。

生徒から質問を受けた場合、すぐに説明が必要な場合を除いては、しばらく生徒たちに考えてもらう形でその質問に価値を与えましょう。必要と判断すれば、「しばらく」が何日間になってもかまいません。

生徒たちが疑問に思う時間を長くすれば、彼らに我慢強さを身につけさせたり、生徒自身がさらなる質問をすることができます。生徒は（大人もですが）、すぐに質問の答えが得られないとその質問について考えることを諦めてしまいます。あなたが何かについて疑問に思ったとき、スマホでウェブ検索をしたいという衝動をどれくらいの時間抑えることができますか？　きっと、一分ももたないでしょう。

自然に湧きでた疑問を諦めるのではなく、もう一度自分で考えてみてください。調べることをすすめられても拒否しましょう。インターネットで調べるよりも、自分で考えだすことができれば満足感が得られます。それは生徒も同じです。生徒にしばらく考えさせて、自分で答えを導きだす機会を与えてください。

質問のブレインストーミングをしてから授業をはじめる

生徒の学習に向かう姿勢を確立することは、新しい授業内容を準備するときにも有効です。ある考えやテーマについての予備知識を活用するのではなく、それについての質問を生徒につくりだしてもらうことで変化が得られます。従来の「ＫＷＬ（知っていること、知りたいこと、学んだこと）」の手順を変化させて、「ＱＫＡＮ（質問、知識、答え、次のステップ）」の手順にすれば単元学習の指針となります。

・どのような「質問」がありますか？
・どのような「知識」や方法を使って、その質問への答えを見つけなければなりませんか？
・どのような「答え」をすでに知っていますか？
・自分の考えを確認したり、さらに掘り下げたり、質問と答えのギャップを埋めたりするための「次のステップ」は何ですか？

教師の好奇心を生徒に示す

あなたが疑問に感じたら、それを生徒と共有しましょう。あなたがいかに好奇心旺盛であるか、そして探究することがいかに日常的なことなのかを生徒たちに示し続けてください。

いくつかの質問にはあえて答えないでおきましょう

生徒の質問に答えない場面は二つあります。一つは、授業が予定どおりに進まず、その質問が学習過程に影響して誤解を生む場合は、（まだ）質問に対処しないほうがよいでしょう。また、その質問がもたらすよい学びの機会が今日設定した学習目標に悪影響を与えると判断したとき、そして、今それに費やす時間を割くことに価値がないと判断した場合は、別の機会に取り組むようにしてください。

質問を比較する

　質問の意味、明確さ、目的について、生徒たちと一緒に話し合ってください。修正が必要な質問を生徒がしたときは、なぜその質問が効果的でないのか、なぜ言い換えた質問のほうがよいのかを明確にするために説明をしてください。一方、生徒が「よい質問」をしたときには、その質問が効果的な理由をフィードバックしてください。

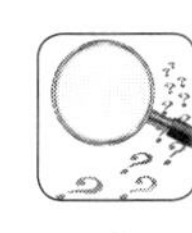

完全実施に向けての青写真

　以下のステップは、ＲＱＩのダン・ロススタイン（Dan Rothstein）氏とルース・サンタナ（Luz Santana）氏が開発した「質問づくり」に沿った手順です。

ステップ1　「質問の焦点」を準備する

質問づくりの最初のステップは、教師にとって最大の努力が必要とされます。「質問の焦点」とは、質問のきっかけとなる引用文、声明、画像、数学の問題、本の表紙などです。しかし、質問の焦点を質問としては使わないでください。[6]

最適な質問の焦点は、明確かつシンプルでありながら、自然に疑問を引き起こすだけの十分な複雑さを備えているものです。図10－2は、マルコムXからの引用文で、質問の焦点として相応しいものであることを示しています。[7] 一方、図10－3は、生徒の探究心をかき立てるための芸術作品です（この絵画はパブリックドメインのもので、一八六二年、アンティータムの戦場で北軍の死者を埋葬している様子を描いたものです）。[8] そして図10－4は、算数用の質問の焦点で、小さな子どもたちが解きたくなるような問題例を示しています。

ステップ2　質問づくりのルールを紹介する

質問づくりのルールは四つしかありません。一見、簡単そうに思えますが、おそらく生徒はこれらを習得するまでに時間がかかり、教師の助けを必要とするほか、ルールを守らない場合もあるでしょう。しかし、それは、生徒が反抗しているという意味ではありません。質問づくりに没頭しているため、ルールが守れない場合があるということです。

図10－２　マルコムＸの引用文

「歴史は憎しみではない」

図10－３　アンティータムの戦場

図10－４　興味を引く算数用の質問の焦点

また、質問づくりの最中に質問に答えるのはルール違反となります。

ルール1――できるだけ多くの質問をする。
ルール2――話し合い、判断、そして質問に回答するために質問づくりを止めない。
ルール3――すべての質問を、言われたとおりに書き留める。
ルール4――肯定文を質問文に言い換える。

質問づくりをする際は、必ずこのルールに従ってください。前回の授業で質問づくりを行ったからといって、生徒がルールを理解しているわけではありません。これは、すべてのステップのなかでもとくに重要です。以下の質問をして、生徒が質問づくりのルールについて考えるように促してください。

・質問の作成中、ルールに従うのが難しいのは何ですか？
・どのルールに従うことが一番難しいですか？

ステップ3　質問の焦点を紹介し、質問を考えだす

記録係を決めて、その生徒に用紙とマーカーをわたします。グループが質問の焦点に関連した

質問を出しはじめたら番号をつけ、記録係にすべて記録してもらい、質問を考えるための時間を設けます。最初は五分程度がよいでしょう。生徒が一五個から三五個ほどの質問が作成できるように、必要に応じて制限時間を調整します。

生徒がルールを守るように注意してください。このステップは、生徒自身が「やる気のスロットル」を回転させている様子が見える場面です。教師は、生徒がブレインストーミングを通して生みだした質問を見たり聞いたりすることができます。質問で埋め尽くされた用紙は、生徒自身の考えを確認するのに役立ちます。

ステップ4　質問を改善する

制限時間が来たら、生徒に質問を「オープンエンド」と「クローズドエンド」の質問に分類する課題を与えます。これらのタイプの質問を生徒が分かっていない場合は、質問づくりをはじめ

---

(6)「質問の焦点」はあくまでもたくさんの質問を出す引き金となるもので、それ自体を質問として扱うことはあり得ない、ということです。

(7)（Malcolm X, 1925～1965）アフリカ系アメリカ人のイスラム教徒の牧師、人権活動家であり、公民権運動期に人気を博した人物です。

(8) アメリカ南北戦争の中盤、メリーランド方面作戦の一環としてメリーランド州シャープスバーグ近くのアンティータム・クリークで行われた戦闘で、南北戦争で初めて北部の大地で行われた主要会戦です。

る前にオープンエンドとクローズドエンドの質問についてミニ・レッスンを行います。

グループ内で生徒たちに、はい／いいえ、または一語／短文で答えられる質問の場合は、質問のあとにクローズドの「C」を書かせます。通常、クローズドエンドの質問には正解が一つだけです。一方、ほとんどのオープンエンドの質問には、より詳細で複数の視点から考えられる答えがあります。

それぞれの質問をオープン／クローズドエンドの質問に分類したら、生徒にオープンエンドとクローズドエンドの質問について話し合ってもらいます。よくある間違いが、オープンエンドの質問はクローズドエンドの質問よりもすぐれている、というものです。しかし、そうではありません。

時には、質問をより明確にするために、簡潔で具体的な答えが必要になる場合があります。たとえば、おばあちゃんに「どうしておばあちゃんのクッキーは私のよりも美味しいの？」とオープンエンドの質問をするよりも、「おばあちゃんのクッキーの隠し味は何？」とクローズドエンドの質問をしたほうが効果的です。

次に生徒は、クローズドエンドの質問を一つ選び、それをオープンエンドの質問に変えたり、オープンドエンドの質問を一つ選んで、それをクローズドエンドの質問にすることで質問そのものを改善していきます。

ステップ5　質問の優先順位をつける

これをするときに大切なのは、このあと質問をどのように使うのかについて生徒が理解していることです。質問によっては、探究や情報提供の準備のためよりも、話し合いに適しているものがあります。このステップでは、プロジェクトや学習活動に三つの効果的な質問を選ぶようにします。最初は三つからはじめますが、慣れてきたらあなたの判断で数を決めてください。プロジェクトベース学習（PBL）(9)で生徒が学習を進めるのに役立つのなら、質問は五つでもかまいません。優先順位をつけた質問の数ではなく、優先順位をつける過程が重要なのです。

生徒が質問の良し悪しを決定するための基準を言葉で表現することは、質の高い質問を作成するうえにおいて不可欠です。優先順位をつけた質問がなぜもっともすぐれているのかについて、グループ内のすべての生徒が説明できるようにしてください。

ステップ6　次のステップについて話し合う

生徒がもっともよい質問を選んだあと、これらの質問をどのように使うのかについて話し合っ

(9) 実世界に関する解決すべき複雑な問題や問い、仮説を、プロジェクトとして解決・検証していく学習方法です。その教え方の詳細については、『プロジェクト学習とは――地域や世界につながる教室』を参照してください。

てもらい、学習計画を立ててもらいます。もし、生徒が自発的に質問をするようになれば、次のような学習活動の向上が望めます。

・実験を行う。
・探究の指針を示す。
・テーマを紹介する。
・学習単元への関心を高める。
・プロジェクトのためのカギとなる質問を特定する。
・教室へのゲストやクラス・ミーティングのための準備をする。
・討論や話し合いの計画を立てる。
・予測を立てる。
・複雑な映像を注意深く観察する。

質問が役立ちそうな学習活動を見つけたら、どんどんリストに追加していきましょう。

ステップ7　学んだことを振り返る

以上のステップから何を学んだのか、そしてそれをどのように使えるのかについて考えるように指示してください。これにより、生徒が質問を作成する手順に注目することができます。振り返りの質問には次のようなものがあります。

❶上位三つの質問がブレインストーミングで出てきたとき、何か気づいたことはありますか？
❷質問は、どのように自分の学びに役立ちましたか？
❸質問づくりを通して何が分かりましたか？
❹この質問づくりの過程で驚いたことは何ですか？
❺質問づくりを通して、今までとは違うどのような学習ができると思いますか？

課題を乗り越える

質問をすることは教師の役割と思われがちです。教師の代わりに生徒が効果的な質問をするように授業スタイルを変えることは、学習過程における探究の果たす役割の転換を意味します。質問を「ただ正解するために答えるもの」として捉えるのではなく、やる気のスロットルを生徒たち自身が回すことで、いかに質問が有益かを理解してもらうのです。もちろん、なかにはこの考えに賛成しない人もいるでしょう。

課題1 話す・聞くのスキルは国語の学習基準であり、私が教えている教科ではありません。

話す・聞くのスキルは、すべての教科領域で成功するために必要なライフスキルです。すべての教科において成長する機会を意図的に与えれば与えるほど、生徒はより良いコミュニケーターになるでしょう。

質問づくり、探究、そして質疑応答といった形での会話のやり取りは、すべての授業において有益です。

課題2 質問をするだけでは生徒は答えるようになりません。

質問がなければ答えはありません。したがって、両者は密接に関連しています。質問をすることで、答えを探すためのインスピレーションが生徒に生まれます。生徒たちの好奇心と驚きをかき立てることで、やる気とインスピレーションが与えられます。

課題3 質問づくりを授業に取り入れると時間がかかります。

質問づくりは単独の学習活動ではありません。このハックの「ステップ6」では、学習目標との関連で質問づくりをする目的を振り返っています。新しいことを行う場合は常にそうですが、最初の数回は時間がかかるでしょう（やればやるほど短時間でできるようになります！）。

生徒が質問の質を考えることを通して、その価値が見極められるようにしてください。そうすれば、質問づくりと学習目標とのつながりに気づき、問題解決の意志が育ちます。

課題4　質問に対して生徒に答えてもらうのがとても難しいです。どうしたら生徒は質問してくれるようになるでしょうか？

質疑応答のやり取りの際、質問だけに注目してしまうと答えなくてもいいという安心感が生まれます。逆に、誰かが自分に質問してくるかもしれないと思うと緊張してしまう生徒もいます。質疑応答形式のプレシャーを和らげるためには、教師が質の高い質問を評価し、褒めるようにすることです。探究することは学びたいという意欲の表れだと生徒が理解すれば、質問は恐れるものではなく喜ばれるものとなります。

課題5　生徒が質問しても、深い質問にはなりません。

この懸念に対するヒントが、このハックで提供されています。最初は、簡単な質問ばかりに悩まされるでしょう。生徒自身に「やる気のスロットル」を回してもらう理由は、次のステップに進むためです。質問の質を分析し、生徒自身が質問の質を高められるようにしてください。

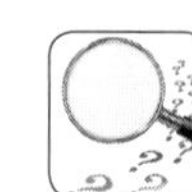

実際にハックが行われている事例

ポーラ・ウォーレン先生の授業を「授業研鑽チーム」のメンバーが視察に来る前のミーティングにおいて、私たちが実際に見てみたい、あるいは先生に試してほしい指導方法があるのかと尋ねました。そのなかには、「互いに教えあう」学習活動の指導を見てみたい、という要望がありました。

ウォーレン先生は、すでに自信のある授業をさらに向上させるよい機会だと思いました。五人の教育者が視察するなかで、今まで行ってないことに挑戦しようとする先生の姿勢は、いかに教師としての成長に情熱的であるかを示していました。先生は新しい指導に挑戦することを受け入れ、私たちは先生の授業にフィードバックすることを喜んで引き受けました。

「授業研鑽チーム」が初めてウォーレン先生のクラスを訪れたとき、高校生はシェークスピア（William Shakespeare, 1564〜1616）の悲劇『マクベス』を読んでいました。ウィリアム・シェークスピアの作品は多くの生徒にとって難解であり、その複雑さゆえに「互いに教えあう」学習活動としてはぴったりの教材でした。

ウォーレン先生は、まずその手順を生徒に説明しました。次に短いビデオを使って、その手順と四つの役割について紹介しました。この授業では、色分けされた紙を使って、「互いに教えあう」学習活動の四つの役割を生徒たちに割り当てました。この学び方は生徒にとって初めてなので、先生はそれぞれの役割に応じた質問を印刷していました。それを四つの異なる色紙にコピーして、それぞれが「要約する人」、「明確にする人」、「質問する人」、「予測する人」を表すようにしました。

文章に取りかかる前、ウォーレン先生はクリップボードを持って「メモをするつもりだ」と生徒に伝えました。そのクリップボードは、「互いに教えあう」学習活動の手順と、それぞれの役割がどのように機能しているのかを書き留めるために使用するものです。また、授業後、初めて行った「互いに教えあう」授業についての考えを生徒たちにフィードバックしてもらい、先生自身の観察結果を生徒たちと共有するようにしました。

ウォーレン先生は、この学習方法を試したことがなかったので、正直なところどうなるか分かりませんでした。事前にそのことを生徒たちに伝えたのは、この最初の試みのあとに改善策が必要であると分かっていたからです。

授業を参観していると、グループで読むことを生徒が楽しんでいる様子がすぐに伝わってきました。生徒たちが第四幕を読むために資料を集めていると、ウォーレン先生から「互いに教えあう」学習活動をする際の四つの役割に関する説明がありました。

ある生徒が、「私は絶対に質問する人になりたい」とクラスメイトに話していました。生徒全員が自分に割り当てられた箇所を読み、自分のレンズ（役割の観点）から解釈していました。その後、それぞれの生徒が文章に注釈をつけたりしましたが、ウォーレン先生が用意した質問例を参考にしている生徒もいました。

用意された資料と役割分担は、たしかに生徒がお互いに文章を理解する手助けになっていました。話が脱線したときは、ウォーレン先生が注意しなくてもグループの誰かが「自分の役割に戻るように」とこれまでは言っていました。

しかし、生徒たちは初めて「互いに教えあう」学習活動を実践したので、時には関係のない会話になってしまうこともありました。また、複数のグループでは、与えられた役割をうまく果たせていませんでした。たとえば、あるグループでは、要約をする人が要点を理解するのに苦労していました。また、別のグループでは、同じく要約する人が要点を理解するのに苦労していると き、ほかのメンバーが「私は『明確にする人』だから、私が説明します。基本的に、要点は……」と割り込んできたのです。

このように、どのグループでも質問や考えが飛び交っていました。会話が途切れたときには誰かが質問の例を参照して、再び会話に火をつけていました。授業は予想以上に素晴らしい展開を見せ、授業後の振り返りでは、ある教師がタイムキーパーの役割を加えることを提案しました。

たしかに時間を測る必要はありますが、それは読者の役割ではありません。

この授業で大切なのは、それぞれの生徒が読書に没頭し、グループで活発な話し合いをすることです。ほとんどのグループでは、「要約する人」が時間を記録するという仕事を引き受けていました。

それから約一〇か月後、ウォーレン先生が別の授業を見学させてくれました。彼女はすっかり「互いに教えあう」学習活動に夢中になっていました。今回は、さまざまな色のサングラスを生徒に配ったのです。生徒がグループで話し合うときは、事前に方向づけられた「レンズ」（役割の観点）を通して話し合いを行うことになっていました。

ウォーレン先生は、レンズを実際のサングラスで示したのです！　生徒たちも、このアイディアを気に入ったようです。

先日、高校の教師たちに質問づくりについて紹介する機会がありました。その教師たちに教えるなかで、教師同士のやり取りを観察させてもらったのですが、そのことがとても勉強になりました。

四つのグループに分かれた教師たちは、いくつかの異なる作品を「質問の焦点」として使用しました。そのなかの絵には、焦点と背景が非常に綿密で、複雑な芸術作品やナマケモノが木に登っているというシンプルな写真もありましたが、絵や写真の解釈については自由にしてもらいました。

まず、どの「質問の焦点」を使うかを各グループに選んでもらいました。最初のグループがシンプルな写真を選択したので、ほかのグループには複雑な作品が選択肢として残りました。

最後の振り返りで教師たちは、ある作品がほかのものより「簡単だ」と主張しました。そのことについて詳しく尋ねてみると、シンプルな写真を使ったグループは、複雑な作品を質問の焦点として使ったグループよりも質問を考えるのが大変だったということでした。

作品のシンプルさに惹かれて質問の焦点を選んだのに、質問を考えるのがより難しかったというのは皮肉な話です。つまり、少し複雑で難しい課題こそ自然に質問が出てくるものであり、逆に単純なものだと人はすぐに好奇心を失ってしまうということです。私が生徒の「やる気のスロットル」を回すための研究をしていくうえにおいて、これ以上のインスピレーションはありませんでした。

学びの安全地帯をつくる

生徒が挑戦できる環境を提供する

子どもたちは安全だと感じていれば、リスクをとったり、質問したり、失敗したり、信頼することを学んだり、感情を共有したり、成長したりできる。

アルフィー・コーン（Alfie Kohn）
アメリカの教育専門の作家、講演家です。

問題――生徒が学びのリスクをとらない①

関係性や信頼、安心感は、構築するまでに時間がかかります。そして、これらは脆(もろ)く、時には知らない間に壊してしまうこともあります。大切なのは、知らない間に壊したという事実よりも、これらについてどのように意識しているかということです。

学校外における子どもたちの生活は、学校内の生活にも影響を与えます。心を開き、自信をもち、学ぶことに純粋な情熱をもって入学したり、通学したりする生徒がいる一方で、子どものころから物事を否定的に捉えるといった生徒もいます。また、大人を無条件で信じられない生徒や失敗を避けようとする生徒もいます。

このように生徒の心は複雑なので、安全な環境を提供するというのはかなり難しいです。教師自身は、生徒が安心できる環境を確立したと信じているかもしれませんが、生徒自身がそのように感じているのかが重要なのです。

挑戦しようとしている生徒のやる気を削ぐような質問をわざと行っている

もし、あなたの話し方によって、生徒が馬鹿にされた、あるいは傷ついてしまったと感じているならば、その質問、答え、そして授業は何の意味もありません。

教師はいないと思います。しかし、知らず知らずのうちにそのような環境をつくりだしている場合があります。たとえば、教師がよく言ってしまう、「誰か……を説明してくれる人はいませんか?」、「……を知っている人は手を挙げてください」などの質問について考えてみてください。これらの質問は正しい答えを必要とします。リスクを回避するためであろうとなかろうと、正解を称賛するような授業では、間違った答えを言った生徒は「失敗した」と感じてしまいます。

ここまで本書では、質問にまつわる「問題」を取り上げ、具体的に答えを示してきました。そして、多くの場合、うまくいかなければ振り返り、微調整し、再挑戦するという機会がありました。しかし、今回の問題は違います。もし、教師がこの問題に十分に対処できなければ、これまでの一〇個のハックにひずみが生じてしまいます。

関係性、信頼、安心感がなければ、ほかのすべてのハックに影響を及ぼします。このハックでは生徒の感情や情緒について取り上げますが、生徒が快適に感じるように教師は指示できないということを知っておいてください。教師は、質問やテクニックを使って、生徒のために快適な状態で学習に取り組める安全地帯をつくらなければならないのです。

(1)　翻訳協力者から、「これらは、生徒の問題というよりは、大人の問題のような気がします。問うことを知らない大人が自分のメガネだけで教育を語り、判断し、評価する悲劇が続いていると思います」というコメントがありました。教師をしているとリスクをとることを忘れ、固定観念で授業をしている教師が多いと思います。

ハック——学びの安全地帯をつくる

これまでの「ハック1」から「ハック10」は、「ハック11」に比べると具体性のあるテーマでした。というのも、この質問をすればこのような結果になる、という因果関係が成立していたからです。しかし、快適な学習環境を構築するのは繊細で難しいことです。『星の王子さま』の作者であるアントワーヌ・ド・サン＝テグジュペリ（Antoine Marie Jean-Baptiste Roger, comte de Saint-Exupéry, 1900～1944）は、「計画のない目標はただの願望である」(2)と言っています。

すべての教師は、生徒が学習するうえで挑戦し、大胆になれる、生産性の高い環境を提供したいと願っています。しかし、安全地帯を提供しなければ、教室で生徒はリスクを冒せません。このハックで使用されている単語に注目してください。これまでのハックでは「思考プロセス」や「質問」、「答え」、「学習」といった言葉が頻繁に使われてきました。しかし、学習環境という文化を考えた場合は、「感情」、「信念」、「信頼」、そして「関係性」を優先して考えなければなりません。

感情に対処するには、脳の異なる部分が関与してきます。感情は強力なので、抑制できない場合もあります。生徒が教師の意図を推測しなくてもいいように、あなたの判断を生徒に分かりやすく示してください。あえて、教師はすべてを説明せず、生徒に発言権を与えます。そうすれば、教室の中で生徒にオウナーシップをもたすことができます。しかし、合理的な思考プロセスや学習は感情によって妨げられる場合があります。怒りで頭が真っ白になったことはありませんか？私には、そのような経験が何度もあります。

生徒が教室で見せている感情に気をつけましょう。もし、あなたの話し方によって、生徒が馬鹿にされた、あるいは自分が傷ついたと感じているならば、あなたの質問に対する答えや授業は何の意味ももちません。教室は、正解を求める場所ではありません。すべての考えが認められ、話し合いを行う場なのです。

あなたが明日にでもできること

万能とされる、ポジティブな雰囲気のクラスにするための方法はありません。あえていうならば、教師の行動が生徒の感情にどのような影響を与えるのか、また生徒が挑戦したいと思えるの

（2）　日本の学校や学級の教育目標は、まさに「願望」や「願い」にすぎない状態が何十年も続いています！

かを考え、それをできるかぎり心に留めておくということでしょう。生徒が挑戦しやすい、より魅力的な教室をつくるために、次のようなシンプルな方法を試してみてください。

質問をして楽しむ

ゲームをつくったり、次に紹介するようなものを試してみましょう。手軽な質問を取り入れれば、楽しみながら学習できます。

どっちがいい？——授業が予定よりも早く終わったら、質問をしながら楽しんでください。生徒と「どっちがいい？」という質問ゲームをしてみてはどうでしょうか？　ゲーム用のカードを使うのではなく、生徒に質問をつくってもらいます。このゲームをすれば次の三つの目標が達成できます。

①生徒は、シンプルな質問をしたり、それに答えたりする練習ができます。

②みんなが楽しみながら活動できます。たとえば、「農家の人の靴の底を舐めるのと、腐った足の爪を噛むのと、どちらがいい？」のようなお題です。こんなグロテスクなお題でもどちらかを選ばないといけないので、必ずゲーム中に笑いが起こります。

③生徒が何かに夢中になっているときは、たとえそれがくだらないものであっても、無計画な

授業でよく起こるような問題行動はまず起こりません。

質問オンリー――ルールは簡単です。二人でペアを組み、お互いに質問をしていきます。笑ったり、相手の質問に答えたりしてはいけません。質問と質問の間が三秒以上空いたら、最後に質問をした人の勝ちです。

二〇個の質問――おなじみのゲームで、一人が密かにお題を考えます。相手は、それが何かを正確に当てられるまで、「はい」か「いいえ」で答えられる質問をします。必要に応じて、「時々、いつも、滅多に」などの副詞を使うこともできます。少ない質問数で相手のお題を当てた人が勝ちとなります。

魅力的な言い回しを使う

ほとんどの生徒は、答えを出すときに一〇〇パーセント確信がもてないと答えられないと思っています。そのため、確信がもてないと回答を避け、緊張した状態のままとなります。

生徒は、常に答えが「正しい」か「間違っている」のどちらかに分かれ、「分からない」とは言えません。そこで、「たぶん、おそらく、かもしれない」などのフレーズを導入します。生徒が途中で答えを変えられるように余裕を残してあげれば、生徒は面目（めんもく）を保つことができます。そうすれば質問に対する理解が深まり、考えを変えることができます。

質問に「かもしれない」を加えるだけで、かなり和らいだものになります。**表11－1**の左側は絶対的な質問を示し、右側には余裕をもたせた表現の質問を示しています。どちらの質問の仕方も、質問の深さには変わりがないことに注目してください。思考の要求度は同じレベルのままで、前述のように口調を変えることで生徒に寄り添った質問ができます。

生徒を笑うのではなく、生徒と一緒に笑う

通常、ユーモアは場の雰囲気を和らげる方法の一つです。冗談を楽しんだり、一緒に何かで笑ったりすることで、思い出や人間関係が築けます。しかし、皮肉を含んだユーモアだとポジティブな雰囲気にはなりません。

授業で皮肉を言えば、特定の生徒を笑いの対象としてしまう可能性があります。冗談の対象になった生徒は、屈辱感や恥ずかしさを隠すために笑っているのかもしれません。一見したところみんなが楽しんでいるように見えますが、それは大きな誤解です。これをきっかけに、思いもしなかった壁を生徒との間につくってしまうかもしれません。

冗談は軽めなものにして、特定の生徒を冗談の対象にはしないでください。とくに、教室にいない生徒については注意してください。たとえば、三時間目の授業のとき、二時間目のクラスにいなかった生徒を対象にしてあなたが冗談を言ったとします。授業が終わったあと、三時間目の

表11－1　絶対的な質問と余裕をもたせた質問例

絶対的な質問	余裕をもたせた質問
・筆者の目的は何ですか？ ・人々が西に向かって移動したのは、どのような要因があったからでしょうか？ ・要旨は何ですか？ ・どちらの方法を使用すればよいですか？ ・これらの仕組みの共通点は何ですか？ ・誰か○○○を知っている人はいませんか？	・筆者の目的は何だと思いますか？ ・人々が西に向かって移動したのは、どのような要因があったからだと考えられますか？ ・考えられる要旨には、どんなものがありますか？ ・どちらの方法だと、うまくいく可能性がありますか？ ・これらの仕組みの共通点は何だと思いますか？ ・○○○について、誰か考えを共有してくれる人はいませんか？

授業に出席していた生徒は、ほかの時間では自分がからかわれているのではないかと気になって、その生徒との間に溝ができてしまう可能性があります。

しかし、軽い冗談や、見たり聞いたりした面白い話をすれば、単に「私の先生」というだけではなく、人として親近感をもってもらうことができます。

私の二歳になる子どもが言ったことのような個人的な話をすると、誰もが笑顔になります。私が訪ねたある教師の授業では、その日もたわいもない冗談が交わされていました。それは、次のようなくだらないダジャレでした。

キリンに飛行機を飲み込めと言ったらどんな反応をしたと思いますか？「どっキリン！」、ほら、くだらなくて笑ってしまいませんか？

10×2の方法を試す

ソーシャルメディアやブログで、この方法の効果が紹介されています。これは、一日二分、一〇日間連続で、特定の生徒と話したいことを話すという方法です。教師との話し合いによって、生徒の行動や信頼関係の構築に極めて大きな、ポジティブな効果を与えたというのです。

授業のスケジュールを整理して、一人の生徒に割く二分という時間を探してみましょう。一年間で、一クラスにつき一八人の生徒と質の高い関係が築けます。(3)

あえて答えが分からない質問をする

教師であるあなたが自分をさらけだすことによって、生徒との間で信頼関係が築けます。勇気をもって、生徒と一緒に考えてみましょう。

自分が分からないこと（脆弱さ）をあえて大胆に見せれば、学びの安全地帯という環境をつくることにつながります。学習を行う場所で教師自身がリスクをとらなければ、生徒がリスクをとるといったことは起こりません。あなた自身が答えを知らない質問をしてください。もしかしたら、あなたが探している答えを生徒が見つけだしてくれるかもしれません。

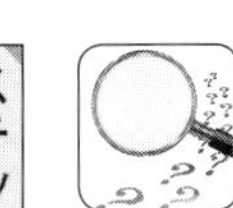

完全実施に向けての青写真

ステップ1　クラスでよい雰囲気づくりのために、大切にしたいものをリストアップする

教師が発する言動の一貫性は、信頼を築く大切な要因となります。クラスで嘲笑（ちょうしょう）されたり、馬鹿にされたりすることがないという信頼感を生徒がもてれば、生徒は安心して、居心地のよい場所から抜けだして挑戦します。そのような雰囲気にするために、教師が信念をもって、生徒との信頼関係を損なわないようにしなければなりません。

まず、あなたが生徒に提供したいクラスがどのようなものかを説明してください。次の質問に自分で答えて、クラスの安全地帯とはどのようなものかを明確にしてください。

・私が提供したいクラスを表す言葉はどのようなものだろうか？
・私のクラスで、生徒はどのように感じているのだろうか？
・毎回の授業で、どのようなクラスの特徴をモデルとして示したいのか？

（3）「一日二分、一〇日連続」というのは努力目標です。クラスの人数が一八人以上の場合は、一人当たり一〇日を若干減らすとか、オンラインでのメッセージ交換といった方法にするとか、臨機応変に取り組んでください。

・生徒の身の周りで感情を脅かす可能性のあるものに対して、受動的ではなく、先を見越した対応をするにはどうしたらよいのだろうか?

ステップ2　生徒のためのアンケートを作成し、その結果を利用する

クラスづくりの大切なもののリストに優先順位をつけて、生徒から意見を求めます。優先順位をつけた項目について、生徒の考えを収集し、あなたの考えと一致しているかどうかを確認します。つまり、あなたがクラスづくりの目標をどれだけ達成しているのかを確認するために、生徒からフィードバックを求めるのです。

授業がはじまる初日にこのようなアンケートをする場合、生徒が学校全般についてどのように感じているのか、より広い視野に関する質問を含めることもできます。また、「この授業（または学校）をどのように改善できますか?」といったようなオープンな質問をすれば、あなたが思いもしなかった意見や提案を生徒から聞くことができます。

生徒との信頼関係を築くために、彼らの意見が重要であることを強調して、生徒の声に耳を傾けましょう。もし、生徒が苦情を言ってきたら、あなたは否定的な側面を避けようとして生徒の意見をすぐに却下してしまうかもしれません。しかし、せっかくの提案ですから、それを尊重するためにも意見箱を用意して、新しい考えや改善すべき点を受け入れてください。そして、みん

んなの考えを聞くために意見箱はあるんだ、ということを生徒に示してください。

アンケートの結果、ほかの提案が出てきた場合は、生徒の意見を尊重していることを示すための機会であると意識してください。とはいえ、共有された要望のすべてに同意したり、実行しなければならないということではありません。アンケートを通して生徒が何を感じているかを理解して、ネガティブな意見を減らすようにしましょう。

ステップ3　クラスの規範を生徒と共有する

「生徒がほかの生徒とどのように接してほしいのか」という明確なビジョンができたら、それを生徒と共有しましょう。規範をつくるといっても、ルールのリストをつくるというわけではありません。規範とは、クラスの運営方法や、生徒と大人のかかわり方のことで、常に誰にでも適用されるものです。一方、ルールとは、周りから期待されていることであり、時々それを破る可能性のある人がいることを前提としています。

ルールは教師や学校の行動基準や習慣によって決められますが、規範はクラスのコミュニティーでつくられ、メンバーの合意のもとに設定されます。つまり、規範は全員でつくりあげるものであり、全員にそれを遵守することが求められます。

次ページの**図11－2**では、ルールと規範の違いを明確にするための例を挙げています。これら

図11－2　規範とルールの例

規範	ルール
教室にいるすべての人を、常に尊重する。	ほかの生徒にちょっかいを出さない。
探究が学びをもたらす。	最初に与えられた指示に従う。
問題なのは挑戦しないことで、分からないことではない。	質問があれば挙手する。

の例は、あなたが自分のクラスで使用するためのものではありません。繰り返しますが、規範は生徒と一緒につくっていくというのが理想なのです。

ステップ4　定期的にクラス・ミーティングを開催する

一日、あるいは一週間のなかで、生徒と交流したり、状況を振り返ったりする時間を確保してください。たとえば、小学校であれば水曜日の音楽のあとなどです。中学高校の教師だったら、毎月、第一金曜日に設定するとよいでしょう。どのような頻度であってもその時間を守りましょう。一貫性とともに予測が可能なことは、多くの生徒に安心感を与えます。

これは聴くための時間です。意見交換の場で、心の中にあることを生徒に話してもらいます。また、質問をして話し合いを促すという方法もあります。クラス・ミーティングの目的を考え、それにあわせて質問を選びます。次ページの**表11－3**には、話し合いの目的と質問例が記載されています。

積極的かつ生産的な話し合いができるように心がけてください。クラスが抱える問題について話し合うことは有益です。しかし、話し合いの目標はさまざまな問題に関してオープンに話し合うことであり、ネガティブな内容に固執するものではないと踏まえておいてください。時間がないときは、予定されていた話し合いを延期するのではなく、すぐに話し合えるテーマに変えてください。貴重な時間のなかで話し合いを確保することは、クラス環境を整えるといった姿勢が優先されている証拠になります。

ステップ5　生徒が感情的になったら、理性的な対応をするのではなくその感情を認める

学校に通っている生徒だけでなく、大人でも感情が高ぶると一時的に考えられなくなり、その理由も分からず、一種のパニック状態に陥ります。しかし、この状態を、論理的な思考プロセスや解決策をもたないこととは混同しないでください。感情の壁が、生徒の論理や理性の道を塞いでいるのです。

生徒の頭の中には論理や理性があるわけですが、恐怖、心配、いら立ち、恥ずかしさなどによって、その生徒とほかの人との間に心の壁ができているだけなのです。もし、生徒の感情が筋の

表11－3　クラス・ミーティングの目的と話し合いの質問例

目的	質問
一緒に楽しむ	もし、ゴリラとグリズリーベアが戦ったら、どちらが勝つでしょうか？
学校として団結する	今週末の大会に向けて、私たちが吹奏楽のチームにサポートできる方法は何かありますか？
学びの楽しさを教える	今日学んだなかで一番役に立ったことは何ですか？
お互いを知る	もし、あなたがスーパーヒーローだったら、名前は何にしますか？
コミュニケーションをとる	誰かがあなたを怒らせようとした際、お互いの敬意と尊厳を保つための方法は何だと思いますか？
共感する	あるクラスメイトが父親の葬儀を終えて明日戻ってきたとき、私たちはどのように接すればよいですか？
時間の調整	書く時間を増やすために、準備に必要とする時間を短縮するためにはどうしたらよいでしょうか？
コミュニティーづくり	校内のポイ捨て問題について、私たちは何ができるでしょうか？
準備	明日、ゲストの先生が来るときに、私たちが気をつけなければならないことは何ですか？
チームワーク	今日の学習チームにおいて、起こりうる問題にはどんなものがありますか？　また、どうすればそれらを避けることができますか？
目標設定	今日は何を達成しようと思っていますか？　また、どのようにその目標を達成しますか？　どのようにしてお互いに助けあうことができますか？

通るものではなかったり、誇張されていたり、根拠がなかったり、または不明確で不合理なものだったとしたら、このステップを使用します。そうすれば、あなたは引き続き生徒のために安全な場所を守ることができます。

生徒の感情が高ぶると、直感的に問題解決を早めようとします。教師であれば、教えるためのいい機会と捉えて、生徒の感情を和らげようとするのが自然な行動です。あなたは感情が高ぶった生徒に対して、「大したことじゃないよ」や、もっと直接的に「落ち着いて」と言うかもしれません。しかし、そのような理性的な反応は事態を悪化させるだけなのです。

論理と感情は馬が合いません。それは、水と油の関係というより、ガソリンと火のようなものでしょう。感情を和らげるには、その感情を正当化しなければなりません。いら立ちを否定するのではなく、それを認めるのです。

誰かに「気にしなくてもいいよ」と言われたら、そのイライラは解消しますか？　そうではありません。むしろ、それはエスカレートします。次ページの**表11－4**は、感情的な生徒が教師の言葉に耳を傾ける準備ができていないときに、論理的な対応の代わりに感情を認める方法です。

何度か感情を認めるうちに、生徒が落ち着いていく様子が分かると思います。人は、自分の感情を誰かに伝えると心の壁がなくなります。そうなると教師は、問題解決のテクニックを使って、生徒の問題を助けることができます。

表11－4　感情的な発言、理性的対応、感情の受容の例

感情的な発言	論理的（理性的）な対応	感情の受容
あの人、私の陰口を叩いているのよ！	でも、それはあなたを苦しめているわけではないでしょう。	あなたは、彼女が言っていることがとても心配になるね。
私を遊ばせてくれない！	ほかの人を見つけて一緒に遊びなさい。	仲間外れにされるのは、本当に嫌な気分よね。
いつも私をいじめるのね！	いつも？　昨日、……したときはどうだったの？	今日は標的にされているようね。
いつも私が全部の仕事をしなくちゃいけないの!?	もし、あなたがグループの役割を決めたら、効率が上がるかも。	あなたは、自分のグループの効率の悪さに不満を感じているのね。
この状況をどうすればいいのか分からない！	あなたがほかの人に相談したら、どうしたらいいか分かるかも。	どのような判断をすればいいのか分からないときは辛いね。
絶対に終わらせることができない！	では、今すぐはじめないといけないね。	時間がないとストレスが溜まるよね。

しかし、注意してください。教師の感情レーダーがオフになっていると、あっという間に振りだしに戻ってしまいます。これを防ぐためには、生徒の感情を認める発言をしたあとに、生徒の心の状態について質問をするのです。たとえば、「少しは落ち着いてきたようですね。話す準備はできていますか？」といったような対応をします。

問題解決がうまくいかなくても驚かないでください。このような状況における一番の問題は、感情が問題解決の邪魔をしていることであって、生徒や教師が問題を解

決するための方法を知らないということではありません。恐怖、怒り、いら立ちなどによる心の壁を取り除くと、生徒は論理的な思考ができるようになります。魔法のような話に思えますが、実際そのとおりなのです。

ステップ6　意識して信頼を築き、守る

私の息子がまだ小さかったころ、嘘ばかりを言っている時期がありました。私たち夫婦は、息子が嘘をつかないようにあらゆる努力をしましたが、時には、理由もないのに嘘を言うこともありました。そこで、嘘をつけば周囲の人との信頼関係が壊れてしまうことについて説明するために、息子が正直に話をしたときには、スプーンで一杯ずつ水差しに水を入れていくことにしました。

水差しの中に溜まった水は、息子がどれだけ信頼を取り戻せたかを表しています。水は、約束を守ること、責任感を示すこと、真実を語ることを表しています。彼は計量スプーンを蛇口の下に持っていきました。持っているスプーンが水でいっぱいになると、彼は慎重に水差しがあるところまで運びます。彼は、スプーンで一杯ずつ水差しに水を入れながら、信頼というものを認識したようです。

この練習の目的は、信頼を築く方法を何通りも考えだすことではありません。信頼を得るには

時間がかかるということです。一度でも嘘があれば、水差し全体が傾いて中の水が流れでてしまい、最初からやり直しとなります。

私と夫は、水差しの水がある一定まで溜まると、「嘘をつくということは信頼関係を壊したことになる」と言って、水差しの水をシンクに流しました。息子は水差しに水を運ぶという行為を何度も行っていたので、水差しにしがみついて「捨てないで！」と懇願しました。

そんな少年だった息子ですが、今はアメリカの海兵隊のメンバーになっています。海兵隊で大切とされていることは、「名誉」、「勇気」、「献身」です。名誉とは、水差しの水を維持することなのです。

水差しの水は、勝手にはいっぱいになりません。水差しの水をいっぱいにするためには、あなたの人格がよく分かる行動を繰り返し行う必要があります。生徒の信頼を得るのも同じです。私たち教師は、一度に一人ずつ生徒との関係を築きながら、常に生徒の尊厳を重んじる行動を通して、生徒との間に信頼関係を醸成していきます。しかし、このような信頼関係の多くは壊れやすいものです。生徒に対して皮肉なコメントをすると、水差しが空になるだけでなく、底に穴が開いてしまうことを覚えておいてください。

うかもしれません。しかし、この余計なことがとても重要なのです。

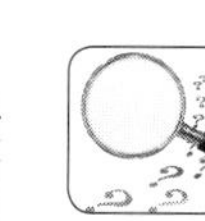

課題を乗り越える

課題1　教える内容が多すぎて、生徒とよい関係を構築する時間がありません。

生徒とよい関係を築くことには多くのメリットがあります。そうしない手はないでしょう。まず、毎日緊張感のある教室環境で働くことはあなたにとってもよくありません。生徒と楽しく過ごすために学校に来ている教師は幸せな人生が送れます。さらに、生徒たちとポジティブな関係を築いておけば、不安感を抱いている生徒や学校を楽しんでいない生徒をよい方向へと導くために行動したり、話し合ったりするための時間を設ける必要がありません。

課題2　どんなに努力しても、信頼関係をつくるのが難しい生徒もいます。

このような考え方は、すでに生徒との関係づくりを諦めてしまった教師の固定観念から来るものです。もちろん、信頼関係を築くまでに時間がかかる生徒もいます。教師が発する言動の一貫性は、信頼を築くために重要な要素となります。あなたの行動が予測可能なぐらい一貫しているかどうかを判断するのは、教師ではなく生徒なのです。

ほとんどの場合、生徒は今までに接してきた人との関係をもとにしてあなたに反応します。精神的に安全な環境において何度も肯定的な経験をしてきた生徒であれば、挑戦する意欲がすぐに湧いてくるかもしれません。しかし、言動に一貫性のない大人と接したり、傷つけられたりした生徒の場合は、警戒心を解くまでに時間がかかるということを念頭に置いてください。

課題3　信頼関係を構築するのに生徒が真剣になってくれません。

時には、ちょっとした冗談が必要なこともあります。しかし、これと生徒に楽しみを強要することは矛盾しています。生徒が楽しいことへの参加をためらっているのは、参加することに同意していないのではなく、不快感を覚えているだけかもしれません。

生徒と一緒に心の底から笑いを楽しみたいのであれば、参加を強制しないことです。参加をためらっている生徒には、一歩引いているところから見学させてあげてください。

課題4　生徒が感情的になっているとき、一対一で話す時間がとれません。

感情任せではない静かな会話の時間を確保すれば、生徒との関係は深められます。どうしても時間がとれない場合は、教師からの質問は避けましょう。教師からのポジティブな発言は、感情的になっている生徒をより一層感情的にさせてしまう場合がありますし、教師が話に割り込める可能性も低いです。生徒の話に集中できるように、一対一で話せる時間を確保し、静かな場所で話すようにしてください。

次に挙げる教師からの反応は、感情的になっている状況において生徒と信頼関係を築くための「声かけ」例です。

・あなたが今日ここにいてくれて嬉しいです。
・あなたの一日が素晴らしいものになるよう願っています。
・明日また会えるのを楽しみにしています。
・ここにいてくれてありがとう。
・おはよう、○○（名前）さん。

実際にハックが行われている事例

ローマは一日にして成らず、クラス環境は一時間にして成らず、です。あるとき、コーンウェル・アベニュー学校にバーバラ・シルクス先生が教える三年生のクラスを訪問しました。私は、安全でありながら挑戦的な学習環境を先生がどのようにつくりだしたのかについて興味がありました。

シルクス先生のクラスでは、八歳から九歳の子どもたちが、まるでプロフェッショナルのように話し合っていました。お互いを尊重し、真の共感を得ることが当たり前になっていたのです。(4) 生徒が自らの価値を大切にし、その結果として教育に価値を見いだすような環境づくりのための本やポスターは教室に一切ありません。私がシルクス先生を視察した日の授業は、メアリー・ホフマン（Mary Hoffman）の『アメージング・グレース（Amazing Grace）』（未邦訳）という本を「いっしょ読み(5)」しているところでした。

この物語は、学校の劇でピーターパンになりたいと思っている少女の話です。登場人物の一人がその少女であるグレースに、「ピーターパンは男の子の名前だから無理だ」と言います。そして、ピーターパンは黒人ではないので役を演じることができない、とも指摘されます。

シルクス先生は物語をうまく使いながら、偏見や差別の現実について生徒に考えさせていました。三年生たちからは、共感、尊敬、慰め、そして思いやりを感じることができました。そして、話し合いでは、生徒同士が話しており、それぞれの話に耳を傾けていました。この話し合いの様子から、お互いを信頼しあっており、人間関係も学習環境も安全であると感じていることは明らかだと分かりました。

新学期に、「この快適なクラスの雰囲気をどのようにして確立したのか」とシルクス先生に尋ねたところ、彼女は熱心に、自分が達成しようとしている「大切にしたいことのリスト」を共有してくれました。以下に挙げる九つは、シルクス先生が、すべての生徒が安心して学習に挑戦できる教室づくりにおいて心がけていることです。

❶教師として私は、一貫した言動を心がけるようにしています。私の行動、態度、反応、性格が一貫していれば、生徒から信頼を得る手助けとなります。

❷教師の言動の一貫性によって生徒から信頼を得られ、安全な環境がつくれます。生徒は、決して「不安」を感じてはいけません。学校は学びの安全地帯であるべきです。

❸私は、生徒が問題行動をとった場合、反応するのではなく対応するように努めています。

❹私は、クラスの団結力を高めるために、家族のような環境をつくるように心がけています。私

（4）同じ年齢や、より年少の子たちによる、同種のやり取りがピーター・ジョンソンの三部作（『言葉を選ぶ、授業が変わる！』と『オープニングマインド』）で読めます。何がそのような会話を可能にするのかというと、教師がつくりだす学習環境であり、文化であり、教室の中の人間関係です。

（5）読み聞かせの一つの効果的な方法で、教師と生徒が一緒に読みます。詳しくは、『読み聞かせは魔法！』を参照してください。

たちはお互いを守り、お互いに忠誠を誓いあい、授業中でも休み時間でも、そして学校の外でも、お互いを思いやり、尊重しています。九月から六月まで、私たちは一つの家族なのです。

❺頻繁に電話をかけ、直接会って話をし、週末も含めて毎日オンライン(6)でコミュニケーションをとるほか、時には必要に応じて家庭訪問をして家族とのつながりをつくっています。このようにしてつくられたつながりはしっかりしたもので、家族や生徒はその学年の間、私が頼れる存在であることを認識してくれます。

❻私は、いかに忍耐があるかを示せる手本となります。そして、生徒に対しては忍耐強さをつけてほしいと願っています。

❼私は生徒たちに、彼らの長所や課題を無条件に受け入れ、一人ひとりが成長過程にあって課題を克服するだけの可能性が十分にあることや、「公平」であることが「平等」ではないと頻繁に教えています。(7)

❽私は、自分の間違いを認める形で、公平であり正直であることを示しています。完璧な人はいないですし、その間違いも一つのユーモア（個性）だと信じています。

❾生徒たちには、私が生徒のことを心から気にかけていると、始業時と終業時に伝えています。

シルクス先生は、子どもたちが安心して意欲的に学べるようになるためのクラスづくりに関する計画を共有しようと準備していました。彼女はその計画に基づいて、授業において生徒がどのような気持ちになってほしいかを考え、それを実現するためのステップを意識的に実行していたのです。

この本について考えはじめたときから、「ハック11」がもっとも重要なものであると確信していました。実は、執筆中には「ハック1」の原稿として書いていました。質問の力を活用して探究する授業を行うことができるかどうかは、クラスの雰囲気によって明らかに左右されるからです。そのため、前もってその舞台を用意しておくべきだと考えたわけです。

しかし、本の内容にあわせて「学びの安全地帯をつくる」を「ハック1」から「ハック11」に変更しました。学習環境の意義に関する説明で締めくくらないのは、「ハック3　学習に区切りをつける――振り返りの質問で締めくくる」の内容に矛盾するからです。

私は、生徒と信頼関係でつながっている教師についての研究に何時間も費やして

---

(6)　ここで紹介されているのは、授業の様子を表す写真、ビデオ、メッセージを使って、教室で学んだことを共有する学校コミュニケーション・プラットフォームの「ClassDojo」です。

(7)　「公平 vs 平等」については、下のQRコードを参照してください。

きました。特定の教師が自然と築けるこのスキルを、どうすればほかの教師と共有できるかと考えてきました。私たちはみんな、生徒と教師の間に信頼関係や安心感が生まれたときに起こる魔法を体験したいと思っています。クラスで探究の文化を構築するのに、コピー&ペーストのような簡単な方法を使えません。一方、探究が大事にされず、その力を一切磨くことがないような授業もありえます。そのような授業だと、「ハック11」にはメリットがないことになります。

ジョン・ハッティ（John Hattie）教授は『学習に何が最も効果的か』（あいり出版）のなかで、「信頼」、「力強さ」、「適性」、「即時性」の四つの要素が生徒との信頼を築くのに重要だと述べています。

本書で紹介したすべての「ハック」において、「適性」と「即時性」について述べてきました。また、「力強さ」は、質問に対する情熱を高めることで磨けます。そして「ハック11」では、主に「信頼」について書きました。「ハック11」をベースにして残りのハックに取り組めば、成功する授業の回数は倍増するでしょう。

おわりに――実際にやってみよう

次の質問の回答を書く前に、筆記具をしばらくの間置いてください。あなたにとって、もっとも充実した年の最高の授業、最高の日について考えてみてください。もし、あなたが新任の教師なら、それがどのようなものなのか想像してみてください。

想像できましたか？

あなたが思い出し笑いで笑顔を浮かべているなら、この先を読む準備ができたことになります。最高の授業を思い出したまま、次の質問を読んでください。考えがまとまったら、答えを書いてみましょう。

❶あなた（教師）が生徒に行った質問の目的は何ですか？
❷生徒は、どのような理由で質問をしていましたか？

自分や生徒が行った質問の意図を考えたとき、どのような場面にいて、どのような感情であったのか想像してくださ い。ほとんどの教師が、授業内容や学習のねらいなどを想像し、懐かしい記憶や家族のような感情を抱くことでしょう。

さて、過去から今日まで早送りしてください。あなたの普段の授業は、あなたの最高の授業にどれだけ近づいていますか？　あなたが質問をする理由と、生徒が質問をする理由を彼らに尋ねたとしたら、彼らの認識はあなたのものと一致しますか？　なぜですか？　あるいは、なぜ一致しないのですか？

生徒は、自分の学習をよくするために積極的に質問をしていますか？　それとも、あなたが答えてくれることを期待して質問しているだけですか？　教室での情報源は何／誰ですか？　それはあなたですか？　そうあるべきですか？　なぜでしょうか？　あるいは、なぜそうあるべきではないのでしょうか？

生徒が学習で苦戦しているとき、その原因は何でしょうか？　生徒が成長マインドセットでその課題に取り組んでいますか？　固定マインドセットが入り込むことによって難しい質問を避けているとしたら、どのようにしてそれが確認できますか？

あなたは、生徒に振り返りの見本を見せていますか？　それは、あなた自身の成長においてどのような役割を果たしていますか？　あなたは、自分自身のためにどのような学習目標を設定していますか？　それらを達成するための道を進んでいますか？　何が、あなたの目標を達成するための助けとなったり、阻害する原因となっていますか？　目標達成に向けて自分を助ける方法として、どのようなものがありますか？　あなたにとって、成功とはどのようなものですか？　質問と探究であふれる授業にするために、あなた自身はどのような「ハック」がつくれますか？　教えることや学ぶことは、事実や答えという単純な分類に収まるものではありません。正しい質問を探すことによって、求めていた「答え」にたどり着く場合もあります。

教えるということはとても複雑なものです。学習意欲を高めるための公式を単純に使うだけなら、正しいコードをプログラムされたロボットに教師は取って代わられるでしょう。教師の口調や伝え方、生徒との人間関係が、一人ひとりの学習の質や速度、深さに影響を与えます。私たち教師のやりがいは、生徒が学ぶことに喜びを感じるようになることです。長い道のりですが、それだけの価値があるのです。

アルバート・アインシュタイン（Albert Einstein, 1879～1955）の言葉にあるように、「重要なのは、疑問をもつことをやめないこと」なのです。

訳者あとがき

今、私は「人が育つ」をモットーとしている大学で英語を教えています。普段から、どのような指導を行えば人が育つのかと問い続けており、その答えを探し求めています。いうまでもなく、この問いに対する万能ともいえる「答え」はないと思っていますが、それ探す努力を行うことが教員にとっては大事ではないかと考えています。本書には、非常に多くの具体的な指導方法や活動が示されていました。ぜひ、みなさんの教育現場にあわせた形で工夫をされ、本書で紹介されている指導方法を試していただければ幸いです。

新しい活動や指導方法を取り入れる際には労力を要しますし、失敗するというリスクもあります。ただ、「あれでもない、これでもない」と紆余曲折することで、見えなかったものが見えたり、正しいと思っていたことがそうではないと気づけますので、「得る」もののほうが圧倒的に多いと思います。

私には、「経験がある」といえるほどの教員歴がありません。しかし、すでに自身の教え方にある「パターン」が構築されつつあります。必ずしも悪いことではないと思っていますが、意識的に新しい活動を取り入れてみたり、授業中に行う質問の意図を一つ一つていねいに考えるといったことをしなければ、やはり「パターン」にはまってしまいます。本書を訳す過程において、今まで私自身がいかに学習者を助けすぎており、彼らが育つ機会を奪っていたかに気づかされました。本書を翻訳するという機会がなければ、人を育てる指導が何であるかについて深く考えることがもっと遅くなっていたか、もしくはなかったかもしれません

二〇二一年、大学で新学期がはじまるというとき、本書に書かれていたジグソーの活動を取り入れてみました。本書が発売される前の今、まだこの活動を数回しか行っていませんが、すでに生徒が主体となって活動していることに喜びを感じています。

もちろん、活動の修正をしなければならない課題もあります。教員にとって大切なことは、新しい知識を身につけ、それを授業で実践し、振り返り、改善していくという「学ぶ姿勢」です。そのような教員であってこそ、自立した学習者を支援できると信じています。読者のみなさんも、そのような教員であってほしいと心から願っています。

最後になりましたが、本書をより読みやすく、そして内容が深いものにするためご協力をいただいた上田源さん、大関健道さん、佐藤可奈子さん、佐藤広子さん、長谷川園子さん、そして編集者の武市一幸さんをはじめ出版社のみなさまに深く感謝致します。

二〇二一年　一一月

山﨑亜矢

関心」と「やる気ゼロ」をなくす』福田スティーブ利久ほか訳、新評論、2021年
・ドゥエック、キャロル・S『マインドセット「やればできる！」の研究』今西康子訳、草思社、2016年
・トープ、リンダほか『ＰＢＬ――学びの可能性をひらく授業づくり』伊藤通子ほか訳、北大路書房、2017年
・トムリンソン、C．A.『ようこそ、一人ひとりをいかす教室へ――「違い」を力に変える学び方・教え方』山崎敬人ほか訳、北大路書房、2017年
・バーガー、トーマス『小さな巨人』佐和誠訳、角川書店、1970年
・ハッティ、ジョン『学習に何が最も効果的か』原田信之訳、あいり出版、2017年
・ヒル、ナポレオン『思考は現実化する（新装版）』田中孝顕訳、きこ書房、1999年
・フィッシャー、ダグラスほか『「学びの責任」は誰にあるのか――「責任の移行モデル」で授業が変わる』吉田新一郎訳、新評論、2017年
・ブース、デイヴィッド『私にも言いたいことがあります！』飯村寧史ほか訳、新評論、2021年
・ボス、スージーほか『プロジェクト学習とは――地域や世界につながる教室』池田匡史ほか訳、新評論、2021年
・ミゲル・デ・セルバンテス・サアベドラ『ドン・キホーテ』（全８巻）牛島信明訳、岩波文庫、2001年
・吉田新一郎『読み聞かせは魔法』明治図書出版、2018年
・ラッシュ、マーサ・セヴェットソン『退屈な授業をぶっ飛ばせ！――学びに熱中する教室』長﨑政浩ほか訳、新評論、2020年
・レント、リリア・コセット『教科書をハックする――21世紀の学びを実現する授業のつくり方』白鳥信義ほか訳、新評論、2020年
・ロススタイン、ダンほか『たった一つを変えるだけ――クラスも教師も自立する「質問づくり」』吉田新一郎、新評論、2015年

訳注で紹介した本の一覧

・アトウェル、ナンシー『イン・ザ・ミドル――ナンシー・アトウェルの教室』小坂敦子ほか訳、三省堂、2018年
・アラビト、クリスィー・ロマノ『静かな子どもも大切にする』古賀洋一ほか訳、新評論、2021年
・ウィギンズ、アレキシス『最高の授業』吉田新一郎訳、新評論、2018年
・オストロフ、ウェンディ・L『「おさるのジョージ」を教室で実現――好奇心を呼び起こせ！』池田匡史ほか訳、新評論、2020年
・オドム、メル『バーティカル・リミット』奥田祐士訳、ソニー・マガジンズ文庫、2000年
・クーロス、ジョージ『教育のプロがすすめるイノベーション』白鳥信義ほか訳、新評論、2019年
・コヴィー、スティーブン・R『七つの習慣』フランクリン・コヴィー・ジャパン訳、キングベアー出版、2013年
・サックシュタイン、スター＆コニー・ハミルトン『宿題をハックする』高瀬裕人ほか訳、新評論、2019年
・サックシュタイン、スター『ピア・フィードバック』山本佐江・田中理紗ほか訳、新評論、2021年
・ジョンストン、ピーター・H『言葉を選ぶ、授業が変わる！』長田友紀ほか訳、ミネルヴァ書房、2018年
・ジョンストン、ピーター『オープニングマインド――子どもの心をひらく授業』吉田新一郎訳、新評論、2019年
・ジョンストン、ピーターほか『国語の未来は「本づくり」』マーク・クリスチャンソンほか訳、新評論、2021年
・ズィヤーズ、ジェフ『学習会話を育む』北川雅浩ほか訳、新評論、2021年
・スペンサー、ジョンほか『あなたの授業が子どもと世界を変える』吉田新一郎訳、新評論、2020年
・チェインバーリン、アダムほか『挫折ポイント――逆転の発想で「無

訳者紹介

山﨑亜矢（やまさき・あや）

松山大学、英語英米文化学科卒業後、アメリカのセイント・マイケルズ大学より英語教授法の修士号（MA in TESOL）取得。金沢工業大学、仙台青葉学院短期大学で教鞭をとり、現在は高知工科大学の講師。

大橋康一（おおはし・こういち）

滋賀県立守山高等学校在職中。高大連携歴史教育研究会員。日本ESD学会員。著書『実感する世界史　現代史』（ベレ出版）教科書『明解　歴史総合』（帝国書院）

吉田新一郎（よしだ・しんいちろう）

『たった一つを変えるだけ』の続編的な位置づけで、本書を選びました。質問・発問をさらに学びたい方には最適です。これらは、日本でも類書を開発できるように紹介しています。問い合わせは、pro.workshop@gmail.com宛にお願いします。

質問・発問をハックする

――眠っている生徒の思考を掘り起こす――

2021年12月25日　初版第1刷発行

訳者　山﨑亜矢
　　　大橋康一
　　　吉田新一郎

発行者　武市一幸

発行所　株式会社　新評論

〒169-0051
東京都新宿区西早稲田3-16-28
http://www.shinhyoron.co.jp

電話　03(3202)7391
FAX　03(3202)5832
振替・00160-1-113487

落丁・乱丁はお取り替えします。
定価はカバーに表示してあります。

印刷　フォレスト
装丁　山田英春
製本　中永製本所

ISBN978-4-7948-1200-1

新評論　好評既刊　　あたらしい教育を考える本

S・ボス＋J・ラーマー著／池田匡史・吉田新一郎　訳

プロジェクト学習とは

地域や世界につながる教室

生徒と教師が共に学習計画を立て、何をどう学ぶかを決めていく。
人生や社会の課題解決を見据えた学び方の新たなスタンダード。

四六並製　384 頁　2970 円　　ISBN978-4-7948-1182-0

S・サックシュタイン／田中理紗・山本佐江・吉田新一郎 訳

ピア・フィードバック

ICT も活用した生徒主体の学び方

対等な対話を通じた意見交換・評価で授業が、人間関係が、教室が一変！
アメリカ発・最新手法で主体的な学びを実現。

四六並製　226 頁　2200 円　　ISBN978-4-7948-1193-6

A・チェインバーリン&S・メイジック／福田スティーブ利久・吉田新一郎 訳

挫折ポイント

逆転の発想で「無関心」と「やる気ゼロ」をなくす

「学びは必ず挫折する」という前提から出発、その契機を理解し、
指導や支援の仕方を変革することで教室を変える具体策を指南。

四六並製　268 頁　2640 円　　ISBN978-4-7948-1189-9

P・ジョンストン他／M・クリスチャンソン＋吉田新一郎 訳

国語の未来は「本づくり」

子どもの主体性と社会性を大切にする授業とは？

読まされる・書かされる授業から「子ども自身が作家となって書きたいものを
書き、本にする」授業へ！米国発国語教育の最前線。

四六並製　300 頁　2640 円　　ISBN978-4-7948-1196-7

J・ズィヤーズ／北川雅浩・竜田徹・吉田新一郎 訳

学習会話を育む

誰かに伝えるために

ペアやグループでの分担学習・発表・討論とその評価をより実りある
ものにするために。今日から実践できる具体的事例が満載！

四六並製　312 頁　2640 円　　ISBN978-4-7948-1195-0

＊表示価格はすべて税込み価格です